내가 은혜와 능력과 축복을 주리라

임은진 지음

내가 은혜와 능력과 축복을 주리라

GRACE
ABILITY
BLESSING

하나님이 가라사대 내가 내 영으로 모든 육체에게 부어 주리니
너희의 자녀들은 예언할 것이요 너희의 젊은이들은 환상을 보고 너희의 늙은이들은 꿈을 꾸리라
사도행전 2:17

예찬사

들어가는 글

"하나님이 말씀하시기를 말세에 내가 내 영을 모든 육체에 부어 주리니 너희의 자녀들은 예언할 것이요 너희의 젊은이들은 환상을 보고 너희의 늙은이들은 꿈을 꾸리라"(사도행전 2:17).

주님의 이름으로 사랑하고 축복합니다.

제가 성령의 기름 부음을 받은 후 쓴 책 『내가 예언과 환상과 꿈을 주리라』가 한국교회 성도님들에게 많은 사랑과 관심을 받았습니다. 하나님의 일을 분주히 감당하다 보니, 이 책이 세상에 나온 지도 어느덧 15년이라는 세월이 흘렀습니다. 그동안 하나님께서는 저의 삶과 가정, 그리고 목회 사역의 현장에, 이 책에 다 담을 수 없는 수많은 은혜를 부어 주셨습니다.

코로나 기간 동안 한국의 약 1만여 개 교회가 문을 닫았고, 교회마다 기도의 불씨가 점점 꺼져가는 안타까운 시대를 우리는 살아가고 있습니다. 세계정세는 혼란스럽고, 대한민국의 미래 또한 많은 이들이 어둡다고 말합니다.

　마지막 시대에 그리스도인으로서 끝까지 승리할 수 있는 유일한 방법은 하나님의 은혜와 능력과 축복을 입는 것이라는 확신으로 다시 펜을 들게 되었습니다. 기도하던 중 하나님께서 주신 제목은 『내가 은혜와 능력과 축복을 주리라』였습니다.

　하나님께 은혜와 능력과 축복을 입게 되면 세상을 능히 이길 수 있습니다. 코로나 기간 동안 저희 길교회는 서울 마포의 에덴동산과도 같은 땅에, 단 한 푼의 빚도 없이 지하 2층 지상 6층 새 성전을 건축하는 하나님의 놀라운 복을 경험했습니다.

　또한, 기도의 불씨가 꺼져 가는 이 시대의 한국교회를 위해 '24시간 겟세마네 기도회'를 매일 송출하며 전국의 성도들과 온·오프라인으로 함께 기도했습니다. 그 결과 교회는 갑절로 부흥하게 되었고, 유튜브 구독자 수는 1만여 명을 향해 빠르게 증가하고 있습니다.

　20여 년 동안 수많은 부흥집회를 인도하고, 상담과 기도 사역을 감당하면서 하나님의 은혜와 능력과 축복을 경험하지 못한 채 육적인 삶을 살아가는 많은 성도들과 교회를 마주할 때마다, 주님의 안타까운 심정을 깊이 느꼈습니다.

　이 부족한 책이, 성도님들의 삶에 하나님의 은혜와 능력과 축복을 사모하는 갈망을 일으키고, 기도의 자리로 나아가게 하는 통로가 되기를 간절히 소망합니다.

　이 책에는 제 삶과 가정, 교회에 대한 간증이 담겨 있습니다. 또한,

겟세마네 기도회와 매주 드려지는 목요집회 등에 참석하시면서 하나님의 살아 계심을 직접 체험한 성도님들의 수많은 간증 중 일부를 수록하였습니다.

   제가 예수님을 처음 믿은 순간부터 지금에 이르기까지, 되도록 시간의 순서에 따라 간증들을 정리하고 편집했습니다. 이 책이 오직 하나님의 영광을 위한 재료가 되기를 바라며, 이 글을 읽는 모든 성도님들에게 제가 받은 은혜와 능력과 축복이 동일하게 임하기를 간절히 기도합니다.

   처녀 시절부터 지금까지 저를 변함없이 사랑하고 이끌어 준 남편 김상률 목사님께 감사드리며, 함께 천국 길을 걸어가는 모든 길교회 지체들에게도 깊은 감사를 전합니다.

   또한 전국에서 기도로 동역해 주시는 겟세마네 용사 여러분께도 진심 어린 감사를 드립니다.

   마지막으로, 한평생 기도만 하시며 마포 길교회 새 성전의 영적 유업을 남겨 주신, 지금은 천국에 계신 시부모님께도 깊은 감사와 사랑의 마음을 전합니다.

임은진 사모

차 례

들어가는 글　　5

제1부 하나님의 부르심과 믿음의 시작　　13
1. 예수 믿고 죽을래, 예수 안 믿고 살래　　14
2. 심은 대로 거둔 은혜　　18
3. 사망의 음침한 골짜기　　24
4. 잘못 걸려온 전화　　28
5. 드디어 방언을 받았어요!　　31
6. 삶의 아픔 속에 감추어진 의미　　36
7. 드라마 사랑　　40
8. 목 안에 생긴 탁구공만 한 혹　　44
9. 너, 목회자의 길을 가라　　48

제2부 기도와 믿음의 역사　　53
1. IMF 때 경험한 만 원의 행복　　54
2. 긍휼히 여기는 자는 복이 있나니　　58

3. 너무 맛있는 닭죽, 너무 맛없는 닭죽	62
4. 영적인 자녀를 순산하는 꿈	64
5. 교회 안의 아름다운 무지개	66
6. 첫 전도의 열매	70
7. 하나님 눈치를 보는 사람이 되세요	74
8. 너, 기도의 제물이 되어라	78

제3부 성령의 임재와 치유사역   83

1. 영안이 열리다	84
2. 성령의 불덩이가 들어오다	87
3. 빛으로 오신 예수님	91
4. 예수님과 춤을 췄습니다	95
5. 내가 너에게 평생 새 옷을 입혀주리라	97
6. 채찍에 맞으신 주님의 환상을 보고 시작된 치유사역	102
7. 물 같은 성령님의 은혜	107
8. 선포하는 기도의 능력	112

9. 용과 같은 사탄의 존재　　　　　　　　　　　　115

제4부 치유와 기적의 역사　　　　　　　　　　　119

1. 수십 년간 괴롭힌 뇌전증과 우울증 치유　　　120
2. 난소암이 사라졌어요　　　　　　　　　　　123
3. 나는 너희를 치료하는 여호와임이라　　　　128
4. 폐암 말기 환자 치유　　　　　　　　　　　132
5. 오병이어의 역사　　　　　　　　　　　　　136
6. 재물 얻을 능력　　　　　　　　　　　　　140
7. 탑차에서 달러가 쏟아지는 환상　　　　　　143
8. 하나님이 주신 건물　　　　　　　　　　　145
9. 건물주와 영혼 구원　　　　　　　　　　　150

제5부 사역과 영적 전쟁　　　　　　　　　　　　155

1. 철야기도 속에 올린 작은 고백　　　　　　　156
2. 다른 신들을 섬기지 말라　　　　　　　　　159
3. 나의 의로운 오른손으로 너를 붙들리라　　　163
4. 여호와는 너를 지키시는 이시라　　　　　　165
5. 다양하게 임하시는 성령의 기름 부음　　　　169
6. 어떤 교회가 큰 교회인가　　　　　　　　　171
7. 잃어버린 아이를 찾았어요　　　　　　　　173
8. 아들을 위한 어머니의 간구　　　　　　　　177
9. 바람피운 남편의 회개　　　　　　　　　　181

10. 목사님의 절친 전도	185
11. 기도하면 발이 뜨거워요	189
12. 고등학생에게 임한 성령의 기름 부으심	192
13. 병실에 귀신이 앉아있는 환상	196
14. 상한 마음의 치유	201
15. 전신 류마티스 관절염 치유	203
16. 교통사고로 잃어버린 눈을 되찾았어요!	205
17. 자궁암을 치유하셨습니다	209
18. 허리디스크 완치	211
19. 눈 질병으로 자리 잡았던 귀신 축사	214
20. 제사는 귀신에게 절하는 것입니다	217
21. 소주 두 병과 담배 두 갑	220
22. 귀신 축사 사역	223

제6부 사역의 확장과 하나님이 주신 사명   227

1. 17년 전 본 길교회 환상	228
2. 필리핀에 교회를 세워라	232
3. 인도에 대형 교회를 건축하며	237
4. 천국에 가신 나의 어머니	241
5. 전국 목회자 사모 세미나 강사로 서다	246
6. 거울에 비친 내 모습	250

제1부
하나님의 부르심과 믿음의 시작

1. 예수 믿고 죽을래, 예수 안 믿고 살래

"당신은 가서 수산에 있는 유다인을 다 모으고 나를 위하여 금식하되 밤낮 삼 일을 먹지도 말고 마시지도 마소서. 나도 나의 시녀와 더불어 이렇게 금식한 후에 규례를 어기고 왕에게 나아가리니 죽으면 죽으리이다 하니라"(에스더 4:16).

저희 시어머니는 3대 독자 외아들에게 시집오셨습니다. 그런데 결혼 후 얼마 지나지 않아, 집안이 잘못 보증을 서는 바람에 전 재산을 잃게 되었습니다.

가족을 위해 허리가 휘도록 일하셨던 어머니는 결국 폐병에 걸리셨고, 간디스토마 합병증까지 겹쳐 건강이 심각한 상태가 되었습니다. 네 명의 자녀를 낳은 뒤 병세는 더욱 악화되었고, 병원에서는 이제 얼마 살지 못하니 죽을 준비를 하라는 사형 선고를 내렸습니다. 하루에도 몇 번씩 피를 대야에 가득 토하며 죽음을 기다리던 어머니에게 어느 날, 순복음교회의 집사님 한 분이 찾아오셨습니다.

"예수님을 믿으면 하나님께서 병을 고쳐주십니다. 예수님을 믿으면 구원을 받을 수 있습니다."

그 말씀을 듣고 어머니는 살고 싶은 마음에 교회를 따라가기 시작하셨습니다. 하지만 이미 불교를 믿고 계셨던 어머니는 교회뿐 아니라 천리교, 천도교, 심지어 남묘호렌게쿄까지 다니셨습니다. 남묘호렌게쿄에 다닐 때는 겨울에 절구통의 얼음을 깨서 냉수로 목욕을 하며 기도드리셨습니다. 그러나 그렇게 극한의 고행을 해도 병은 낫지 않았습니다. 그러던 중, 교회에서 기도하는 가운데 성령의 불을 받고 병이 깨끗이 나았습니다. 당시 30대였던 어머니는 85세까지 장수하시며, 하나님의 기적으로 50년이 넘게 생명이 연장되는 복을 받으셨습니다.

어머니가 예수님을 믿고 병이 나은 뒤, 그 기적을 통해 시댁에 복음이 전파되었습니다. 이후 시할아버지께서 돌아가시기 몇 년 전 예수님을 영접하셨고, 시아버지께도 변화가 일어났습니다.

시아버지는 공무원이셨고, 퇴근 후엔 술에 만취해 집에 들어오시곤 했습니다. 하지만 어머니는 예수님이 너무 좋으셔서 하루 종일 교회에 계시다시피 하셨습니다.

부흥회가 있으면 월요일부터 토요일까지 빠짐없이 참석하셨고, 기도 외의 시간은 교회 봉사로 보냈습니다. 그러자 아버지는 점점 화가 나기 시작했습니다.

"마누라는 집에서 밥하고 애들을 키워야지, 왜 교회만 가 있어!"

결국 어느 날, 아버지는 극단적인 결심을 하셨습니다. 퇴근 후 부엌에서 식칼을 꺼내 들고 안방으로 들어가셨습니다. 어머니가 부흥회를 마치고 집에 돌아오자, 아버지는 식칼을 어머니 목에 들이대며 소리쳤습니다.

"예수 믿을래? 예수 안 믿을래? 예수 믿으면 지금 당장 죽여버릴 거고, 예수 안 믿으면 살려줄 거야."

그 순간, 어머니는 조금도 망설이지 않고 예수 믿는다고 대답하셨습니다. 보통이라면 목숨을 부지하기 위해 "안 믿을게요."라고 거짓말이라도 할 수 있었겠지만, 어머니는 담대하게 신앙을 지키셨습니다.

그 말을 들은 아버지는 더욱 분노해 칼을 높이 들고 어머니를 찌르려 했습니다. 그런데 그 순간, 아버지의 팔이 내려오지 않았습니다. 칼을 내리치려 해도 팔이 마치 돌처럼 굳어 움직이지 않았습니다. 당황한 아버지는 결국 칼을 손에서 놓아 땅에 떨어뜨리고 말았습니다. 그러나 문제는, 칼을 놓은 뒤에도 팔이 계속 내려오지 않는 것이었습니다. 그렇게 팔을 든 채로 아버지는 다음 날 출근하셨습니다. 사람들이 이상하게 볼까 봐 병원에도 가보고, 한의원에서 침도 맞아보셨지만 아무 소용이 없었습니다. 결국 3일 동안 팔을 내리지 못한 채 생활하셨습니다. 그러다 퇴근 후 집에 돌아온 아버지는 어머니에게 부탁하셨습니다.

"당신이 믿는 하나님께 기도해서 내 팔 좀 내려가게 해줘."

그러자 어머니는 하나님 앞에 회개하면 팔이 내려갈 것이라고 말씀하셨습니다. 아버지는 살기 위해 어머니가 시키는 대로 따라 하셨습니다.

"하나님, 제가 잘못했습니다."

회개의 기도를 드리는 순간, 기적처럼 팔이 내려왔습니다.

이 사건을 계기로 아버지는 완전히 변화되었습니다. 술도 끊으시고, 세상의 죄악도 버리셨습니다. 더 나아가 공무원 생활을 정리하고 신학을 공부하셨습니다. 결국 목사님이 되셔서 교회를 개척하시고, 하나님의 복음을 전하는 사역자가 되셨습니다. 이 모든 것은 어머니의 눈물 어린 기도 덕분이었습니다.

어머니는 기도하실 때마다 기도 타월이 젖을 정도로 눈물로 기도하셨습니다. 그 기도가 아버지를 변화시키고, 가정을 변화시켰으며, 결국 하나님께서 아버지를 목회자로 세우시는 열매로 맺히게 되었습니다.

어머니의 담대한 믿음이 아니었다면 아버지는 예수님을 믿지 못했을 것입니다. 어머니의 눈물의 기도가 아니었다면 아버지는 여전히 술을 마시며 세상의 길을 걸었을 것입니다.

하지만 "나는 예수 믿을래!"라는 한마디의 결단과 끊임없는 기도가 결국 가정을 변화시켰고, 하나님께서 역사하셨습니다.

뿐만 아니라, 집안에 흐르던 가난의 영, 불신의 영, 질병의 영들이 떠나가게 하셨고, 하나님의 은혜와 능력과 복의 기름 부으심을 받는 역사를 베풀어 주셨습니다.

하나님께서는 제가 바로 이런 집안으로 시집오게 하셨습니다.

2. 심은 대로 거둔 은혜

"만군의 여호와가 이르노라 너희의 온전한 십일조를 창고에 들여 나의 집에 양식이 있게 하고 그것으로 나를 시험하여 내가 하늘 문을 열고 너희에게 복을 쌓을 곳이 없도록 붓지 아니하나 보라"(말라기 3:10).

저는 초등학교 6학년 때 아버지를 지병으로 여의고, 가세가 기울어 어려운 환경 속에서 자라게 되었습니다.

중학교에 다닐 때는 등록금을 1년 동안 내지 못했고, 결국 중학교 2학년 때 퇴학을 당하고 말았습니다. 이후 검정고시를 치르고 숭의여고 야간부에 입학하여 1학년 때부터 매점에서 일하기 시작했습니다. 당시 제 월급은 5만 원이었습니다.

제 짝꿍은 목사님의 딸이었는데, 입학 후 일주일 만에 저희 동네 성수동으로 이사를 왔고, 그곳에서 친구의 아버님께서 교회를 개척하셨습니다. 친구는 저에게 자기 아버지가 저희 집 근처에 교회를 개척했으니 함께 나오자고 권유했고, 저는 그 교회를 다니게 되었습니다. 토요일 설립 예배에는 약 30명의 사람이 모여 함께 예배드렸습니다. 저는 '이 교회 성도는 30명 정도 되나 보다'라고 생각했습니다. 그러나 다음 날 주일 11시 예배에 참석해 보니, 함께 예배드리는 인원은 저를 포함해 10명뿐이었습니다.

'아, 어제는 손님들이었구나! 실제 성도는 10명 정도 되는구나!' 그렇게 생각하게 되었습니다.

예배가 끝나고 교인 소개 시간이 있었습니다. 알고 보니 목사님 부부와 자녀 4남매, 82세 고모할머니, 그리고 목사님의 조카 두 명까지, 총 9명이 모두 가족이었고 유일한 외부 성도는 저뿐이었습니다.

그 교회의 목사님께서는 한 달에 두 번씩 말라기에 기록된 십일조에 대한 설교를 하셨습니다. 하지만 10명 중 십일조를 드릴 수 있는 사람은 저뿐이었습니다. 당시에는 그 말씀이 은혜인지 몰랐지만, 시간이 지나며 십일조의 귀한 의미를 깨닫게 되었습니다. 저는 말라기 말씀에 십일조에 대한 기록이 있는지도 몰랐습니다. 그러던 중 고등학교에 진학하여 매점에서 일하며 월급을 받기 전에 목사님께서 설교 중에 말씀하셨습니다.

"십일조는 하나님의 것입니다. 10분의 1을 하나님께 드려야 합니다. 여러분이 10분의 1을 드리면, 하나님께서 복을 주시는데 흔들어 넘치도록 주십니다."

이 말씀을 듣고 저는 '이번 달에 월급 5만 원을 받으면 5천 원을 십일조로 드려야지'라고 결심했습니다. 결국 월급을 받자마자 십일조 5천 원, 감사헌금 1천 원, 주일헌금 1천 원을 드렸습니다. 그런데 놀라운 일이 일어나기 시작했습니다. 매점에서 일한 지 두 달쯤 되었을 때, 사장님께서 저를 부르셨습니다.

"임양, 우리 매점에서 성실하게 일해 줘서 기분이 좋아! 다음 달부터 월급을 1만 원 더 올려줄게."

그 순간 저는 '와! 목사님이 십일조를 드리면 하나님께서 더 주신다고 하셨는데, 정말 만 원을 더 주시네!'라고 깨달았습니다. 이후 저는 월급이 6만 원이 되어 6천 원을 십일조로 드렸습니다. 그렇게 매점에서 6개월 동안 일했습니다. 하지만 매점 일이 너무 바빠 공부할 시간이 부족했습니다. 그래서 저는 기도하기 시작했습니다.

"하나님, 매점 사장님도 좋고 일하는 것도 좋지만, 공부할 시간이 너무 부족합니다. 명동에 있는 회사에 취직할 수 있도록 도와주세요. 공부가 너무 하고 싶어요!"

며칠 후, 매점에 전화벨이 울렸습니다. 마침 사장님과 사모님, 함께 일하는 언니까지 모두 자리를 비운 상황이라 제가 전화를 받게 되었습니다.

"여보세요, 숭의여고 협동조합입니다."

전화를 건 남성분이 물었습니다.

"거기 숭의 협조죠?"

저는 '협동조합을 줄여서 협조라고 하나 보다'라고 생각하며 대답했습니다.

"네, 숭의여고 협동조합입니다. 무슨 일이신가요?"

그러자 다소 화가 난 목소리로 말씀하셨습니다.

"아니, 매점이면 매점이라고 써야지! 왜 협조라고 적어둬서 전화를 헷갈리게 만드나?"

당시에는 전화번호부가 있었는데, 그분은 '숭의 협조'를 보고 전화를 걸었더니 매점으로 연결된 것이었습니다.

"사장님, 어떤 일로 우리 학교에 전화를 하셨나요? 도와드릴 일이 있을까요?"

그분은 명동에서 회사를 운영하는 사장님이었고, 학생 한 명을 채용하려고 학교에 문의하려 했다고 했습니다. 그 말을 듣자마자 저는 용기를 내어 말했습니다.

"사장님, 그 회사에 제가 들어가면 안 될까요?"

그분은 제게 몇 시에 매점 일이 끝나는지 물었고, 저는 3시에 끝나고 3시 반까지 교실에 들어가야 한다고 대답했습니다. 그러자 사장님께서 3시에 끝나면 바로 회사로 오라고 하셨습니다. 저는 매점 일이 끝나자마자 그 회사로 달려갔고, 면접을 보게 되었습니다.

사장님께서는 목소리가 예쁜 학생을 찾고 있다며 전화 응대 업무를 맡길 생각이라고 하셨습니다. 그리고 종이에 적힌 영어 문장을 읽어 보라고 하셨습니다. 제가 영어 문장을 읽자, 사장님은 발음이 좋다고 말씀하시며 저를 채용해 주셨습니다. 그리고 물으셨습니다.

"임양, 매점에서 월급 얼마 받았어?"

저는 솔직하게 대답했습니다.

"5만 원을 받다가 6만 원으로 올려주셨어요."

그러자 사장님은 환하게 웃으며 말씀하셨습니다.

"임양, 나는 임양에게 7만 원 줄게."

그 순간, 목사님의 설교가 떠올랐습니다. 십일조를 드리면 하나님께서 더 주신다는 말씀이 제 삶에서 실제로 이루어지고 있었습니다.

하나님의 은혜는 계속되었습니다.
무역회사에서 일을 하며 7만 원의 월급을 받고 십일조 7천 원을 드리던 중, 회사에 책상이 하나 새로 들어왔습니다. 알고 보니 사장님의 절친한 친구인 박 이사가 사무실을 빌려 사용하게 된 것이었습니다. 어느 날, 박 이사님께서 저를 부르셨습니다.
"임양, 이리 와봐."
그분은 저에게 봉투 하나를 건네셨습니다.
"임양이 한 달 동안 내 전화를 너무 잘 받아 줘서 고마운 마음에 장학금을 주려고 해. 내 친구 장 사장한테는 말하지 말고, 임양이 학업에 잘 쓰도록 해."
저는 감사 인사를 드린 후, 조심스럽게 봉투를 열어 보았습니다. 그 안에는 8만 원이 들어 있었습니다.

그날 저는 또 하나님께 십일조를 드렸습니다. 그리고 깨달았습니다. 하나님은 신실하시다. 내가 심은 대로 반드시 거두게 하신다!
다음 달 25일이 되었습니다. 이사님께서 또 저를 부르시며 말씀하셨습니다.
"임양, 이리 와봐."
저는 다가갔고, 이사님께서는 다시 봉투를 건네셨습니다. 그리고 신신당부하셨습니다.

"내가 주는 거 장 사장한테 절대 이야기하지 말고, 같이 일하는 언니나 실장님에게도 말하지 말아요. 이건 임양하고 나만 아는 비밀이야."

조심스럽게 봉투를 열어 돈을 세어 보니, 이번에도 8만 원이 들어 있었습니다. 그렇게 저는 월급 7만 원에, 이사님이 주신 8만 원까지 합해 총 15만 원이라는 큰 금액을 받게 되었습니다. 당시에는 엄청난 수입이었습니다. 그리고 저는 기쁜 마음으로 1만 5천 원을 십일조로 하나님께 드릴 수 있는 복을 받았습니다.

이처럼 하나님께서는 고등학교 때부터 십일조의 은혜와 체험을 제 삶 속에 깊이 새겨 주셨습니다. 그때부터 지금까지 저는 더 많은 십일조를 드릴 수 있도록 하나님의 은혜를 경험하며 살아왔습니다.

십일조는 단순한 헌금이 아닙니다. 하나님께서 우리에게 복 주시기 위해 명령하신 약속입니다. 우리가 하나님 앞에 온전히 십일조를 드릴 때, 하나님께서는 30배, 60배, 100배, 심지어 천 배까지도 열매 맺도록 역사하실 것입니다.

혹시 우리가 이 땅을 사는 동안 십일조의 복이 당장 눈앞에 나타나지 않는다 할지라도, 우리는 흔들리지 말고 믿음으로 드려야 합니다. 왜냐하면 십일조는 하나님의 명령이기 때문입니다. 또한 하나님께서 내 당대에 그 복을 드러내지 않으실 수도 있습니다. 그러나 그 복은 반드시 내 자손에게, 그리고 그 후손에게까지 이어질 것입니다.

우리는 하나님의 약속의 말씀을 굳게 믿고 나아가야 합니다.

온전한 십일조를 드려 하늘 문을 여는 삶, 하나님께서 기뻐하시는 믿음의 삶을 살아가는 우리가 되기를 소망합니다.

3. 사망의 음침한 골짜기

"내가 사망의 음침한 골짜기로 다닐지라도 해를 두려워하지 않을 것은 주께서 나와 함께 하심이라. 주의 지팡이와 막대기가 나를 안위하시나이다"(시편 23:4).

저는 성인이 될 때까지 거의 라면과 김치만 먹으며 지냈습니다. 그러다 스무 살이 되었을 때, 영양실조에 걸리게 되었습니다.

어느 날 감기에 걸렸는데 좀처럼 낫지 않았고, 결국 한양대학병원을 찾았습니다. 그런데 병원에서 받은 진단은 '폐결핵'이었습니다.

그 소식은 마치 청천벽력과도 같았습니다. 의사 선생님께서는 6개월 치 약을 먹어야 한다며 반드시 꾸준히 복용하라고 당부하셨습니다. 그런데 약을 조용히 처방해 주셨다면 좋았을 텐데, 의사 선생님은 저를 안타까운 눈빛으로 바라보시며 말씀하셨습니다.

"아니, 지금이 어느 시대인데 이렇게 시집도 안 간 젊은 아가씨가 영양실조에 걸려 폐결핵까지 걸릴 수가 있어요?"

그 말씀을 듣는 순간, 저는 서러움이 북받쳐 눈물이 쏟아졌습니다.

꽃다운 스무 살에 폐결핵 진단을 받고 살아가야 한다는 현실이 너무나도 슬프고 가슴 아팠습니다.

"울지 마요. 6개월 동안 약을 잘 먹으면 나을 수 있어요. 집에 가서 밥도 잘 먹고, 약도 꼭 챙겨 드세요."

의사 선생님이 토닥이며 위로해 주셨지만, 오히려 더 눈물이 났습니다. 제가 더욱 슬펐던 이유는, 폐결핵 환자는 가족과 모든 생활용품을 따로 사용해야 한다는 사실 때문이었습니다. 숟가락도 같이 쓰면 안 되고, 젓가락도 안 되고, 휴지통도, 수건도, 비누도, 치약도 모두 따로 써야 합니다. 단칸방에서 어렵게 살아가는 처지에 이런 생활은 불가능하다는 걸 저는 너무나도 잘 알고 있었습니다. 그 현실이 더 황망하고 가슴을 무너지게 했습니다.

한 달 치 약을 들고 집으로 돌아온 저는 약을 복용하기 시작했습니다. 하지만 3일 동안 약을 먹은 후, 마당으로 나가 하늘을 바라보며 하나님께 기도했습니다.

"하나님, 오늘부터 저는 약을 먹지 않겠습니다. 하나님께서 저를 죽이시든지 살리시든지, 하나님의 뜻대로 하세요."

그러고는 대문 밖에 있던 시멘트로 만든 큰 쓰레기통에 병원에서 받아온 약을 전부 버렸습니다. 그런데 놀라운 일이 일어났습니다. 보통 폐결핵 환자는 약을 먹지 않으면 증상이 더 악화되어야 하는데, 도리어 하루하루 지날수록 몸이 점점 좋아지는 것이었습니다.

폐결핵에 걸리면 심한 기침 때문에 제대로 누워서 잘 수도 없습니다. 밤새 기침이 이어지고, 심할 경우 피까지 토하게 되니 그 고통은 이루 말할 수 없습니다.

하지만 그날 하나님께 기도한 이후, 제 몸 상태는 점점 호전되었습니다. 하루, 이틀, 사흘, 나흘… 시간이 지날수록 저는 점점 건강해졌습니다. 열흘쯤 지나자 몸이 확연히 좋아졌고, 한 달이 되었을 때는 스스로 완전히 나았다는 것을 깨달을 수 있었습니다. 그렇게 저는 다시 일을 하러 나갈 수 있게 되었습니다.

사실 병원에 가서 검진을 받아야 했지만, 제 몸 상태를 직접 경험하고 있었기에 굳이 확인할 필요조차 느끼지 못했습니다. 그리고 20여 년이 지난 40대에 이르러서야 처음으로 종합검진을 받게 되었습니다. 병원에서 검진을 받으며, 저는 의사 선생님께 말씀드렸습니다.

"제가 스무 살에 폐결핵을 앓았는데, 지금도 괜찮은지 확인해 주세요."

검사를 마친 후, 의사 선생님께서 말씀하셨습니다.

"깨끗하게 완치되었으니 걱정하지 마세요."

할렐루야! 하나님께서 저를 온전히 치유해 주셨습니다.

우리 하나님은 여호와 라파, 치료의 하나님이십니다.

그러나 저는 수술받지 말라거나 약을 먹지 말라고 말씀드리는 것이 아닙니다. 수술도, 약도 하나님께서 주신 지혜로 만들어진 것입니다. 그러므로 약을 먹는 것도 죄가 아니며, 수술을 받는 것도 죄가 아닙니다.

하지만 중요한 것은, 약을 먹으면서도 기도해야 한다는 것입니다. 기도하며 약을 복용하면 그 약의 효과가 더 강력해질 것입니다. 기도하며 수술을 받으면 하나님께서 의사의 손길을 도우시고, 수술이 순조롭게 진행될 것입니다.

우리는 여호와 라파, 치료의 하나님을 더욱 힘써 의지하며 기도해야 합니다.

우리의 몸과 영혼을 치유하시는 하나님을 신뢰하며, 믿음으로 나아가는 삶을 살아가기를 간절히 소망합니다.

4. 잘못 걸려온 전화

"무릇 하나님의 영으로 인도함을 받는 사람은 곧 하나님의 아들이라"(로마서 8:14).

23살이 되던 해, 어느 날 잠을 자던 중 꿈속에서 하나님의 음성이 천둥처럼 크게 들려왔습니다. 꿈이었지만 너무나도 현실 같아서 지금까지도 잊히지 않습니다. 그때 들었던 하나님의 음성은 제 마음 깊이 남아 있습니다. 아마도 이 세상에서 가장 아름다운 성우의 목소리처럼 웅장하고 위엄 있는 소리였습니다.

돌이켜 보면, 제 삶에는 이미 하나님의 섭리가 있었습니다. 하나님께서는 저에게 복을 주시기로 작정하셨고, 저는 그분의 계획 속에서 인도함을 받아 살아가고 있었습니다. 그 복 중 하나가 바로 우리 목사님과의 만남이 아닐까 싶습니다. 제 생애에서 가장 중요한 동반자를 주님께서는 참으로 특별한 방법으로 저희 부부를 중매하셨습니다.

제가 젊은 시절 서예 학원을 운영하던 때였습니다. 어느 날 고등학교 동창 모임에 나가게 되었습니다. 직장생활을 하던 친구들은 하나

같이 아침마다 만원 버스를 타고 출근한 후, 회사에서 마시는 모닝커피 한 잔이 얼마나 기가 막힌지 모른다며 자랑을 늘어놓았습니다.

저는 학원을 운영하며 초등학생들을 가르치다 보니, 굳이 일찍 출근할 이유가 없었습니다. 하지만 친구들의 이야기를 듣다 보니 저도 그 모닝커피라는 걸 한 번 마셔보고 싶다는 생각이 들었습니다. 그래서 다음 날, 일부러 아침 8시에 일찍 출근했습니다. 만원 버스에 시달리며 학원에 도착했고, 친구들의 말처럼 참 맛있다는 모닝커피를 한 잔 내려 마시고 있었습니다.

그런데 커피를 음미하며 여유를 즐기던 순간, 갑자기 전화벨이 울렸습니다. 이른 아침부터 누구일까 궁금한 마음으로 전화를 받았습니다.

"여보세요?"
"구미에 있는 회사죠? 미스 조 좀 부탁합니다."
"아닙니다. 여기는 서예 학원인데요. 전화 잘못 거셨습니다."
그런데 의외의 말이 들려왔습니다.
"아니, 미스 조. 나 아침에 바쁘니까 장난치지 말아요!"
"아저씨, 여기는 정말 서예 학원이 맞아요."
그러자 상대방은 당황하며 말했습니다.
"어, 그래요? 이상하네. 내가 분명히 지역 번호까지 눌러서 구미 금성사로 전화했는데… 그런데 아가씨, 그건 그렇고, 나는 아직 장가 안 간 총각이니까 아저씨라고 부르지 마세요. 그리고 이것도 인연인데 얼굴 한 번 볼까요?"

이렇게 잘못 걸려온 전화였지만, 뜻밖에도 호기심을 자극하는 대화가 오고 갔습니다. 당시 직장생활을 하던 그분은 마침 강남구 신사동에 업무차 갈 일이 있는데, 이것도 인연이니 만나자고 했습니다.

저 역시 호기심이 생겨 학원 지하에 있는 레스토랑에서 그분을 만나기로 했습니다. 처음 만난 그분은 건실한 직장인이었습니다. 성실하고 단정한 모습이 인상적이었고, 저를 처음 보자마자 예수님을 믿는지 물었고, 우리의 인연은 그렇게 시작되었습니다. 그날을 시작으로 우리의 데이트는 하루도 빠짐없이 이어졌습니다.

만물의 주관자이신 하나님이 중매해 주셨고, 우리는 결혼하게 되었습니다.

아버지를 일찍 여의고 자란 저는 늘 마음 한편에 아버지의 빈자리가 있었습니다. 그러나 우리 목사님을 통해 저는 영적으로나 육적으로 큰 사랑과 위로를 받게 되었습니다. 목사님은 하나님께서 제게 보내주신 축복의 통로였습니다.

목사님과의 만남을 통해 저는 더욱 신앙이 깊어졌고, 삶의 의미도 새롭게 발견할 수 있었습니다.

지금 돌이켜 보면, 그 잘못 걸린 전화 한 통이 결코 우연이 아니었음을 깨닫습니다.

하나님께서는 우리의 모든 걸음과 인연을 주관하십니다. 그리고 우리를 가장 좋은 길로 인도하십니다.

저는 하나님의 계획 속에서 제 인생의 동반자를 만났습니다.

5. 드디어 방언을 받았어요!

"방언을 말하는 자는 사람에게 하지 아니하고 하나님께 하나니 이는 알아듣는 자가 없고 영으로 비밀을 말함이라"(고린도전서 14:2).

제가 결혼하여 시부모님이 개척하신 교회에 가보니, 저와 한 할머니 집사님을 제외한 모든 성도님이 방언 기도를 하고 있었습니다. 통성 기도 시간이 되면 온 교회가 방언으로 기도하는데, 우리 둘만 한국어로 기도하니 괜히 눈치가 보이기도 했습니다. 그 모습을 보시고 시어머니이신 전도사님께서 저를 부르셨습니다.

"방언의 은사를 달라고 하나님께 간절히 기도해 보렴."

그날부터 저는 "하나님! 방언의 은사를 주세요! 방언의 은사 주세요!" 하며 열심히 기도하기 시작했습니다. 하지만 아무리 기도해도 방언을 받지 못했습니다.

그러던 어느 날, 방언을 받지 못하신 그 할머니 집사님과 기도 시간에 마주쳤습니다. 서로 같은 처지이다 보니 금방 마음이 통했습니다.

"우리가 방언을 받아야만 하는 건 아니야. 방언 못 해도 괜찮아. 우리말로 기도하면 되는 거지."

서로 위로하며 그냥 우리말로 기도하기로 했습니다. 그러나 시간이 지나면서 그래도 방언을 받아야겠다는 결심이 섰고, 둘이 작전을 짰습니다.

"우리 둘이 기도원에 가서 방언을 받고 옵시다."

그렇게 강원도 철원의 한 기도원으로 향했습니다. 기도원에서 뜨겁게 기도하는데, 집사님께서 말씀하셨습니다.

"응답 바위에서 기도하면 방언을 잘 받는대!"

그래서 응답 바위로 가서 "하나님, 방언 주세요! 방언 주세요!" 간절히 기도했습니다.

하지만 아무 일도 일어나지 않았습니다. 그러자 집사님이 다시 말했습니다.

"회개 바위에서 기도하면 방언이 터진다더라!"

그래서 회개 바위로 이동해 또다시 "하나님, 방언 주세요! 방언 주세요!" 기도했습니다. 결과는 여전히 방언을 받지 못했습니다.

이번에는 집사님이 또 말씀하셨습니다.

"성전에서 기도하면 방언이 터진대!"

우리는 성전으로 가서 기도하며, 서로 등을 두드려 주며 "방언 받으세요!" 하며 응원했습니다. 그렇게 3일 동안 온 힘을 다해 기도했지만, 방언은 나오지 않았습니다. 방언을 받지 못해 실망한 집사님이 이번엔 이렇게 말했습니다.

"'할렐루야, 할렐루야, 할렐루야'를 계속 반복하면 방언이 터진대!"

그 말에 우리는 몇 시간을 "할렐루야, 할렐루야, 할렐루야" 하며 외쳤습니다. 하지만 여전히 방언은 나오지 않았습니다.

"'아버지, 아버지' 하면 방언이 나온다더라!"

그래서 "아버지, 아버지"를 외쳤습니다. 그래도 안 되자,

"'불로, 불로, 불로, 불로'를 빨리 말하면 방언이 터진다더라!"

우리는 마지막 희망을 걸고 "불로, 불로, 불로, 불로"를 외쳤습니다. 하지만 아무리 해도 방언을 받지 못했습니다.

결국 기도원에서 방언을 받지 못한 채 집으로 돌아왔습니다.

기도원에서 돌아온 후, 어머니께서 인도하시는 주일 오후 2시 예배를 드렸습니다. 예배를 마칠 때쯤, 어머니께서 기도를 인도하셨습니다.

"주여 삼창하고 기도합시다!"

그래서 저도 "주여! 주여! 주여!" 외쳤습니다. 그런데…

갑자기 혀가 확 구부러지면서 '쎄쎄쎄쎄' 방언이 터졌습니다!

너무 놀라기도 하고, 너무 기뻤습니다! 결혼하고 몇 년 동안 못 받던 방언을 드디어 받았구나!

이게 정말 방언인지 확인하고 싶어 아무에게도 말하지 않고 화장실로 향했습니다. 당시 화장실은 재래식 변기였습니다. 변기 위에서 조용히 방언이 나오는지 테스트해 보았습니다.

"주여, 주여, 주여!"

그러자 다시 '쎄쎄쎄…'가 나왔습니다. 진짜다! 내가 정말 방언을 받았구나! 확신이 생기자, 어머께 말씀드리러 방으로 찾아갔습니다.

"어머니! 저 방언 받았어요! 방언 나와요!"

어머니께서 말씀하셨습니다.

"그래? 앉아봐. 방언 한 번 해봐."

그래서 "주여, 주여, 주여!" 하니, 다시 '쎄쎄쎄'가 나왔습니다.

어머니께서 기쁘게 말씀하셨습니다.

"그래, 너 방언 받은 게 맞다! 자꾸 '쎄쎄쎄~' 하다 보면 방언이 점점 바뀔 거야."

정말로 며칠 후, 방언이 '세레이, 세레이, 세레이'로 바뀌었습니다. 이후 방언은 계속 변화하며 더욱 깊어진 기도를 할 수 있게 되었습니다.

안타깝게도 저와 함께 방언 받으러 갔던 집사님은 결국 방언을 받지 못하셨습니다. 저와 방언 못 하는 믿음의 동지였는데, 제가 방언을 받고 나니 집사님께서 몹시 속상해하셨습니다. 그렇기 때문에 저는 방언의 은사를 더욱 소중하게 여기게 되었습니다.

부흥회를 나가서 하나님이 주신 방법대로 기도하도록 인도하면, 거의 90% 이상이 방언을 받을 수 있도록 성령의 역사가 나타났습니다.

하나님께서 방언의 은사를 주신 이유는 우리가 기도를 더욱 많이 하도록 하기 위함입니다.

"내가 너희 모든 사람보다 방언을 더 말하므로 하나님께 감사하노라"(고린도전서 14:18).

방언 기도를 하면 성령의 역사가 더욱 강력하게 일어납니다. 방언이 열리면 다른 은사들도 함께 열리기 시작합니다. 방언 기도의 양이 차면, 영적인 차원이 올라가고 성령의 기름 부음이 강력해집니다.

우리의 영적 상태를 잘 관리해야 합니다.

마음을 정결하게 하고,

주님을 더욱 사랑하고,

영혼 구원을 위해 살아갈 때,

하나님께서는 은혜와 복과 능력을 더욱 부어 주십니다.

방언을 받은 사람이라면, 더욱 기도하며 성령님과 깊은 교제를 나누길 바랍니다.

방언의 은사를 받은 우리 모두가 방언 기도를 통해 더욱 주님과 가까워지기를 소망합니다.

6. 삶의 아픔 속에 감추어진 의미

"그의 어머니가 하인들에게 이르되 너희에게 무슨 말씀을 하시든지 그대로 하라 하니라"(요한복음 2:5).

제가 둘째 아이를 낳았을 때의 일입니다. 당시 저는 세 살, 한 살 된 두 아이를 키우느라 하루하루가 정신없이 바빴습니다. 시어머니는 교회 전도사님으로서 기도의 삶을 사시는 분이셨고, 늘 저에게 말씀하셨습니다.

"얘, 기도해야 한다. 지금 기도해서 하나님 앞에 심어 놔야 한다."

시어머니께서는 끊임없이 기도의 중요성을 강조하셨지만, 저는 아이들 돌보느라 기도할 여력도, 시간도, 믿음도 부족했습니다. 겨우 집에서 30분 정도 기도하는 것이 전부였고, 시어머니의 반복되는 말씀에 부담을 느끼며 힘들어했습니다.

그렇게 지내던 중, 둘째 아이가 저와 함께 감기에 걸렸습니다. 열이 나고 기침과 콧물이 계속되었는데, 6개월이 지나도록 낫지 않았습니다. 마포에 살고 있었던 저는 동네 병원 10곳을 찾아다니며 온갖 약을 먹여 보았지만, 아이의 감기는 좀처럼 호전되지 않았습니다.

그러던 어느 날, 한 의사 선생님께서 말씀하셨습니다.

"서울역 근처에 있는 소아병원에 가서 정밀 검사를 받아보세요."

그렇게 저는 아이를 데리고 소아병원으로 향했습니다. 검사 결과를 본 의사 선생님은 고개를 갸우뚱하시더니 조심스럽게 말씀하셨습니다.

"월요일에 아이를 입원시키고, 지금 당장 수술을 해야 합니다."

너무 당황한 저는 이유를 물었습니다. 그러자 선생님은 아이의 목을 가리키며 말씀하셨습니다.

"여기 혹이 보이시죠? 이걸 빨리 제거해야 합니다. 월요일에 입원해야 하니 아빠도 함께 오셔야 합니다."

그 말을 듣는 순간, 온몸이 얼어붙었습니다. '혹시 우리 아이가 백혈병이라도 걸린 걸까? 심각한 병인가?' 순간 수많은 생각들이 머리를 스쳐 지나갔고, 저는 아이를 업고 병원을 나섰습니다. 병원 문을 나서 하늘을 바라보니, 세상이 노랗게 보였습니다. 마음이 너무 무겁고 앞이 캄캄했습니다. 집으로 가려고 택시를 탔지만, 저는 기사님께 문 앞까지 데려다 달라고 말하지 못했습니다.

'택시가 좁은 골목을 올라가면 내려주기도 힘들고, 빈 차로 돌아가면 기사님께 미안하잖아.'

결국 저는 마포경찰서 앞에서 내렸습니다. 평소 몸이 약했던 저는 아이를 업고 집까지 걸어 올라간 적이 한 번도 없었습니다. 그런데 그날은 초인적인 힘이 생겼는지, 한 번도 쉬지 않고 오르막길을 올라갔습니다. 집에 도착하자마자 기도원에 가 있던 남편 목사님께 전화를 걸었습니다.

"여보, 정환이가 병원에서 수술을 해야 한대요. 아빠도 함께 와야 한대요."

남편은 깜짝 놀라 기도원을 즉시 떠나 집으로 돌아왔습니다. 남편을 보는 순간, 참았던 눈물이 쏟아졌습니다. 그러자 남편이 저를 다독이며 말했습니다.

"여보, 살고 죽는 것은 다 하나님의 손에 있어. 그러니 그 염려를 하나님께 맡겨 봐."

그 순간, 신기하게도 제 마음에 평안이 밀려오기 시작했습니다.

'와, 이상하다. 남편이 한마디 했을 뿐인데, 왜 내 마음이 이렇게 편안해지지?'

그렇게 저는 차분한 마음으로 다음 날을 준비할 수 있었습니다.

'우리 어머니가 항상 기도하라고 하셨는데, 내가 기도를 하지 않아서 이런 일이 생긴 건가…'

저는 마음을 다잡고 처음으로 새벽기도에 가기로 결심했습니다. 시아버님께서 새벽 예배를 인도하셨고, 저는 새벽기도를 마친 후 집으로 돌아와 아이의 몸에 손을 얹었습니다. 6개월 동안 수십 군데 병원을 돌며 약을 먹어도 떨어지지 않았던 열이 내려가 있었습니다. 기침도 멎었고, 콧물도 사라졌으며, 목에 있던 혹도 감쪽같이 사라졌습니다. 그 순간, 저는 깨달았습니다.

'아! 하나님께서는 내가 기도하길 원하셔서 이 모든 일을 허락하셨구나!'

그렇게 저는 두 아이를 키우며 새벽 예배와 기도의 삶을 시작하게 되었습니다.

요한복음 2장에는 가나의 혼인잔치 비유가 나옵니다. 잔치에서 포도주가 떨어지자, 예수님의 어머니 마리아는 하인들에게 말했습니다.

"예수님이 무슨 말씀을 하시든지 그대로 하라."

예수님께서는 돌 항아리 여섯 개에 물을 채우라고 하셨고, 하인들은 그 말씀을 그대로 순종했습니다. 그러자 놀라운 일이 일어났습니다. 물이 변하여 포도주가 된 것입니다.

우리 인생도 마찬가지입니다. 인생의 포도주가 떨어진 것처럼 위기가 찾아올 때가 있습니다. 하지만 우리가 예수님의 말씀에 순종하면, 하나님께서는 우리의 삶에도 기적을 베푸십니다.

위기가 찾아올 때, 우리는 절망하지 말아야 합니다. 때로는 삶의 아픔이 하나님께서 우리를 기도의 자리로 이끄시는 신호일 수 있습니다. 그러므로 위기 앞에서 낙망하지 말고, 하나님께 무릎 꿇고 기도하는 우리가 되기를 소망합니다.

기도하는 삶이야말로, 하나님이 원하시는 인생의 길임을 잊지 맙시다.

7. 드라마 사랑

"너희는 이 세대를 본받지 말고 오직 마음을 새롭게 함으로 변화를 받아 하나님의 선하시고 기뻐하시고 온전하신 뜻이 무엇인지 분별하도록 하라"(로마서 12:2).

저는 젊을 때 드라마를 무척 좋아했습니다. 그런데 하나님께서는 그런 저를 변화시키기 위해 어느 날 역사하셨습니다. 당시 저는 환상이 무엇인지도 잘 몰랐고, 방언을 받은 이후 기도 생활을 꾸준히 하던 때였습니다.

금요예배에 참석해 말씀을 듣고 "주여" 삼창 후 통성기도를 하는데, 갑자기 제 앞에 텔레비전 화면이 나타났습니다. 화면이 커지면서 아침 드라마가 재생되었는데, 그것은 제가 즐겨 보던 15~20분짜리 드라마였습니다. 그 드라마는 두 여자가 한 남자를 사이에 두고 삼각관계에 얽힌 내용이었습니다. 저는 평소 기도 생활을 하면서 TV를 자주 보지는 않았지만, 이 드라마만큼은 너무 재미있어서 꼭 챙겨보곤 했습니다. 그런데 기도하는 중에 갑자기 텔레비전 화면이 보이니 '내가 지금 기도하고 있는데 왜 이런 것이 보이지?' 하는 생각이 들었습니다. 예배를 마치고 성전 마당으로 나갔는데, 성도들이 저를 빤히 쳐다보며 가까이 다가왔습니다. 순간 '내 얼굴에 뭐가 묻었나?' 싶어 얼른 집으로 가서 거울을 보려 했습니다. 집에 도착해 문을 열고 들어가자마자 우리 목사님께서 깜짝 놀라며 말씀하셨습니다.

"당신 눈이 왜 그래?"

이상한 생각이 들어 거울을 봤더니, 제 눈 주위가 누군가에게 주먹으로 맞은 것처럼 퍼렇게 멍들어 있었습니다. 그때 기도 중에 보았던 텔레비전이 떠오르며 깨달았습니다.

'하나님께서 내가 아침 드라마를 보는 것을 끊으라고 하시는구나!'

그날 밤, 잠을 자고 일어나니 신기하게도 드라마를 보고 싶다는 생각이 완전히 사라졌습니다.

이것이 바로 하나님의 능력입니다. 하나님께서는 제가 드라마에 빠지는 것을 하루아침에 끊을 수 있도록 도와주셨습니다. 하나님께서는 우리에게 주신 시간을 세상에 빼앗기는 것을 원치 않으십니다. 우리가 시간을 잘 사용하면, 더 큰 은혜와 유익을 부어주실 줄 믿습니다.

요즘 저는 사람들이 '손안의 핸드폰'이 우상이 되고 있다는 생각이 듭니다. 핸드폰을 조금만 보려고 했다가도 어느새 시간이 훌쩍 지나가 버려 깜짝 놀랄 때가 많습니다.

요즘 젊은 세대는 이를 '순삭(순식간에 삭제됨).'이라고 표현합니다. 유튜브에서 영상 하나만 보려 했는데, 알고리즘이 띄워준 다른 영상이 흥미로워 계속 보게 되고, 괜히 뉴스를 클릭하며 시간을 보내기도 합니다.

기도할 때 1~2시간이 '순삭'이어야 하는데, 기도할 때는 시간이 잘 안 가고, 핸드폰을 볼 때는 시간이 너무나도 잘 갑니다. 저 역시 잠깐 핸드폰을 보려다 시간이 순식간에 사라지는 경험을 하며, 불필요한 영상은 최대한 보지 않도록 자제해야겠다는 생각을 하게 되었습니다.

여러분들도 핸드폰을 꼭 필요한 부분에만 사용하시길 주님의 이름으로 권면합니다. 우리가 시간을 어떻게 사용하는지가 정말 중요합니다.

야고보서 4장 4~5절에서는 이렇게 말씀하십니다.

> "간음한 여인들아 세상과 벗된 것이 하나님과 원수 됨을 알지 못하느냐? 그런즉 누구든지 세상과 벗이 되고자 하는 자는 스스로 하나님과 원수 되는 것이니라. 너희는 하나님이 우리 속에 거하게 하신 성령이 시기하기까지 사모한다 하신 말씀을 헛된 줄로 생각하느냐?"

주님은 우리에게 "간음한 여인들아"라고 말씀하십니다. 우리는 흔히 간음하면 부부 사이의 외도를 떠올리지만, 하나님께서는 '세상과 벗된 것이 간음이다'라고 말씀하십니다.

즉, 세상을 사랑하는 마음이 하나님과 원수가 되는 길이라는 것입니다. 우리가 기도하며 세상과 벗되려는 마음을 끊어야 하는 이유입니다.

    요즘은 핸드폰이 영적 간음의 도구가 되어가고 있습니다. 어떤 사람들은 핸드폰을 통해 홈쇼핑을 즐겨 보고, 필요하지 않은 물건을 계속 사기도 합니다. 또 어떤 사람들은 단순히 인터넷 쇼핑몰을 둘러보며 시간을 낭비하기도 합니다. 하지만 만약 우리가 핸드폰을 보는 시간에 성경을 읽고 기도한다면 어떨까요? 하나님께서는 그런 우리에게 더욱 큰 은혜를 부어 주실 것입니다.
    하나님은 질투의 하나님이십니다. 우리가 하나님보다 더 사랑하는 것이 생기면, 하나님께서는 "내가 질투한다."라고 말씀하십니다. 그러므로 우리는 하나님과 원수 되는 세상을 사랑하는 것이 아니라, 하나님의 말씀을 더욱 사랑하고 예수님을 더욱 사랑해야 합니다.
    세상의 것들이 우리의 시간을 빼앗지 않도록, 우리의 시선을 주님께 두기를 간절히 소망합니다.

8. 목 안에 생긴 탁구공만 한 혹

"여호와께서 그를 병상에서 붙드시고 그가 누워 있을 때마다 그의 병을 고쳐 주시나이다."(시편 41:3).

첫째 아이를 낳은 지 얼마 되지 않았을 때였습니다. 하루는 동네 아주머니들과 함께 커피를 마시고 있었는데, 그중 한 분이 저를 보며 다급한 목소리로 말씀하셨습니다.

"새댁, 빨리 대학병원 가봐!"

이유를 묻자, 그분은 제 목을 가리키며 말했습니다.

"내가 보니까 갑상샘에 혹이 있어. 거울을 한 번 봐봐. 혹시 보이지 않아요?"

그때까지만 해도 저는 갑상샘이 무엇인지도, 혹이 어떤 것인지도 몰랐습니다. 그런데 거울을 보니 한쪽 목은 매끈한데, 반대쪽은 둥글게 부어 있었습니다. 손으로 만져보니 목 안에 탁구공만 한 혹이 잡히는 것이 느껴졌습니다. 저는 작은 병원에 가보려 했지만, 아주머니께서는 단호하게 말씀하셨습니다.

"작은 병원 가서는 안 돼요. 빨리 대학병원 가요!"

당시 저는 인천 부평에 살고 있었기 때문에 길병원을 예약하고 병원으로 향했습니다. 병원에서는 온갖 검사를 다 했습니다. 주삿바늘을 찌르고 뽑고, 여러 가지 검사를 거친 후 의사 선생님께서 말씀하셨습니다.

"갑상샘에 탁구공만 한 혹이 있습니다. 수술을 빨리 해야 하니 수술 날짜를 잡아야 합니다."

너무 갑작스러운 이야기였습니다. 수술이 가능한 가장 빠른 날짜는 20일 후였고, 저는 얼떨결에 예약을 하고 병원을 나섰습니다. 그 주일, 교회에서 시어머니께 이 사실을 말씀드렸습니다.

"어머니, 저 목에 혹이 있어서 병원에 갔는데, 20일 후에 수술해야 한대요."

그러자 시어머니께서는 조용히 말씀하셨습니다.

"은진아, 믿음으로 낫든지 수술해서 낫든지, 네 믿음대로 해라."

그때 저는 수술 없이 나을 수 있다는 확신이 없었습니다. 그래서 다시 어머니께 여쭈었고, 어머니는 이렇게 말씀하셨습니다.

"아직 20일이 남았으니, 네가 기도하면서 결정해라."

그리고는 제 목에 손을 얹고 기도를 해주셨습니다. 하지만 기도를 받았음에도 불구하고 혹은 여전히 있었습니다. 그리고 어머니께서는 단 한 번만 기도해 주셨을 뿐이었습니다.

수술 날짜가 점점 다가왔고, 수술을 이틀 앞둔 어느 날, 제 마음에 이런 생각이 들기 시작했습니다.

'그래, 나도 우리 어머니 말씀처럼 수술받지 말고 믿음으로 낫기로

결단하자.'

다행히 생활하는 데 큰 불편함은 없었기에, 저는 병원에 전화를 걸어 수술을 취소했습니다. 그렇게 시간이 흘러 남편 목사님께서 교회를 개척하셨고, 저는 32살에 사모의 삶을 시작하게 되었습니다.

어느 날, 여느 때처럼 밤에 기도하고 집으로 돌아와 잠을 자려 누웠습니다. 그런데 문득 목의 혹이 떠올라 손으로 만져보았습니다. 항상 손에 잡히던 동그란 혹이 그날 밤에는 느껴지지 않았습니다. 놀란 저는 벌떡 일어나 거울을 보며, 혹시 입 안으로 이동했나 싶어 여기저기 만져보았습니다. 그런데 혹은 온데간데없이 사라진 상태였습니다. 그 순간, '이 혹이 굴러가서 몸속 어딘가에 붙은 걸까?' 하는 생각이 들어 남편에게 다급하게 말했습니다.

"여보! 나 혹이 있었잖아요! 그런데 이 혹이 없어졌어요!"

남편은 제 목을 살펴보더니 깜짝 놀라며 말했습니다.

"어? 진짜 당신 여기 혹이 있었는데… 사라졌네. 완전히 나았네!"

믿을 수가 없었습니다. 저는 혹이 어디로 사라졌는지 확인하고 싶어 교회 근처 병원을 찾아갔습니다. 병원에 도착한 저는 의사 선생님께 이렇게 말했습니다.

"선생님, 몇 년 전에 갑상샘에 혹이 있어서 길병원에서 수술을 권유받았는데, 갑자기 혹이 사라졌어요. 혹시 이 혹이 다른 곳으로 이동했거나 몸속에 남아 있는지 확인해 보고 싶어요."

의사 선생님께서는 피검사와 함께 건강검진도 해보는 것이 좋겠다고 권유하셨습니다. 그렇게 저는 엑스레이 검사와 피검사를 진행했습니다. 며칠 후, 병원으로 검사 결과를 들으러 갔습니다. 의사 선생님께서 차트를 넘기며 말씀하셨습니다.

"신장도 건강하고, 간도 건강하네요."

그러고는 갑상샘 검사 결과를 확인한 후 놀랍다는 듯 말씀하셨습니다.

"갑상샘 수치 100% 정상입니다. 아주머니가 이 위치에 혹이 있었다고 하셨지만, 엑스레이와 갑상샘 수치를 봤을 때 갑상샘에 혹이 있었던 흔적조차 없습니다."

그리고는 덧붙이셨습니다.

"과거에 혹이 있었다는 증거도, 혹이 다른 곳으로 이동한 흔적도 전혀 없습니다."

그 순간, 저는 하나님께서 저를 온전히 치유하셨음을 확신했습니다. 의사 선생님은 제 검사 결과를 다시 한 번 살펴보시며 이렇게 덧붙이셨습니다.

"아주머니 나이에 이렇게 건강한 분은 정말 드뭅니다."

그 순간, 저는 하나님께서 제 몸을 온전히 치유하시고 회복시키셨다는 것을 다시금 깨닫게 되었습니다. 병원을 나오며 저는 조용히 하나님께 감사의 기도를 올렸습니다.

"하나님, 저를 치유해 주시고, 제 몸을 건강하게 회복시켜 주셔서 감사합니다!"

우리 하나님은 치료의 하나님이십니다.

9. 너, 목회자의 길을 가라

"내가 달려갈 길과 주 예수께 받은 사명, 곧 하나님의 은혜의 복음을 증언하는 일을 마치려 함에는 나의 생명조차 조금도 귀한 것으로 여기지 아니하노라."(사도행전 20:24).

남편이 회사를 다니던 시절이었습니다. 어느 날 퇴근하고 돌아온 남편이 뜻밖의 말을 했습니다.

"나 오늘 회사에 사표 내고 왔어."

깜짝 놀라 이유를 묻자, 남편은 아침 출근길 차 안에서 기도할 때 주님께서 "너, 주의 길을 가라"는 마음을 주셨다고 했습니다. 퇴근길에도 기도할 때마다 주님이 "돌아와, 돌아와."라고 부르셨다는 것이었습니다.

"어디로 돌아오라는 거예요?"

제가 묻자 남편은 조용히 대답했습니다.

"주님이 목회자의 길을 가라고 하셔."

남편은 직장 생활을 안정적으로 하고 있었습니다. 월급도 넉넉히 받고 있었고, 부업으로 사업도 하며 경제적으로 풍족했습니다. 승용차도 두 대나 있었고, 저 역시 학원을 운영하며 3년간 큰돈을 벌었습니다. 함께 모은 돈으로 28평 현대아파트를 구입하며 행복한 신혼 생활을 하고 있었는데, 갑작스럽게 회사를 그만두고 목회자의 길을 가겠다고 하니 당황스러울 수밖에 없었습니다.

"저는 당신이 장로가 되는 게 꿈이에요. 저는 구역장이 되어 주님을 섬기고 싶어요."

저는 남편이 사업을 잘하고 경제적으로 안정된 장로가 되어 교회 성전 건축에 크게 헌신하는 장로님이 되길 바랐습니다. 그런데 남편이 갑자기 목회를 하겠다고 하니 도저히 받아들일 수 없었습니다.

"당신, 사표 다시 돌려놔요!"

하지만 남편은 단호했습니다. 사표를 돌려놓지 않았고, 결국 신학대학원에 등록했습니다. 낮에는 잠시 사업을 하며 생활비를 벌고, 저녁에는 신학을 공부하기 시작했습니다. 그때 저는 하나님을 믿었지만, 믿음이 부족했습니다. 남편의 신학 공부를 이해할 수 없었고, 무려 6개월 동안 반대했습니다. 집에 돌아올 때마다 "하지 마요, 가지 마요." 하며 설득했지만, 남편은 흔들리지 않았습니다.

"당신은 목사가 될 자격이 있을지 몰라도, 나는 사모가 될 자신이 없어요."

사모가 되려면 신앙적으로 성숙해야 하고, 성도를 섬길 마음도 있어야 할 것 같았습니다. 그런데 저는 기도 생활도 제대로 하지 못했고, 성도들을 가르칠 능력도 없었습니다.

"저는 사모의 자격이 전혀 없어요."

그렇게 완강히 반대하는 저를 보시며, 하나님께서 직접 개입하셨습니다. 어느 날 저는 꿈을 꾸었습니다. 강원도에 있는 기도원에 가서 기도하는 꿈이었습니다. 그곳에 도착하자 흰옷을 입은 분이 저를 향해 걸어오셨습니다.

"제가 당신을 위해 기도해 주겠습니다. 무릎을 꿇으세요."

바닥을 보니 흙바닥이었습니다. 그래서 저는 조심스럽게 물었습니다.

"저 봉고차 안에서 기도를 받아도 될까요?"

그분은 그러라고 하셨고, 저는 봉고차 안으로 올라가 무릎을 꿇고 고개를 숙였습니다. 그러자 그분이 제 머리에 손을 얹고 손가락으로 뭔가를 그리며 말씀하셨습니다.

"당신에게 두 갈래 길이 있습니다. 하나는 목회자의 길, 다른 하나는 세상의 길입니다. 당신은 목회자의 길을 가야 합니다. 세상의 길로 가면 절대 안 됩니다."

그 순간 꿈에서 깨어났습니다. 하지만 저는 여전히 믿음이 없었기에, 이 꿈을 꾸고도 남편의 목회자 길을 반대했습니다.

그러던 어느 날, 저는 평소처럼 극동방송을 듣고 있었습니다. 오전 10시, 한 목사님이 나오셔서 이렇게 말씀하셨습니다.

"오늘은 우리 교회 한 집사님의 간증을 전하겠습니다."

방 청소를 하면서 대충 듣고 있었는데, 점점 제 이야기처럼 느껴졌습니다.

이 집사님은 믿음이 좋은 남편과 함께 신앙생활을 했습니다. 그런데 남편의 소원은 대학교 졸업장을 받는 것이었습니다. 부인은 일반 대학은 입시 준비가 어렵다 생각하고, 남편을 신학교에 보내 신학을 공부하게 했습니다.

'우리 남편이 믿음이 부족한 것 같으니, 신학교에 보내 믿음을 키우고 졸업장을 받게 해야겠다.'

그렇게 남편을 신학교에 보냈고, 부인은 아모레 화장품을 방문판매하며 아이들을 키우고 학비를 벌었습니다. 남편은 신학을 마치고 졸업했지만, 이후 이런 말을 했습니다.

'여보, 나 목사 안수를 받고 싶어.'

부인은 깜짝 놀랐습니다.

'나는 당신 졸업장 받게 하려고 신학교 보낸 거지, 목사 되라고 보낸 게 아니에요!'

급기야 '당신이 목사 되면 이혼해요!'라고까지 말했습니다.

남편은 깊이 고민하다 결국 목사 되는 길을 포기하고 다시 직장생활을 시작했습니다. 그런데 8개월 후, 남편은 갑작스러운 교통사고로 세상을 떠났습니다. 그제야 부인은 깨달았습니다.

'내가 우리 남편이 주의 길을 가는 걸 반대해서, 하나님이 이런 일을 허락하셨구나!'

이후 부인은 철저히 회개하고, 교회에서 허드렛일을 도맡으며 남편이 하지 못한 사역을 대신 감당했습니다.

이 간증을 듣고 있는데, 갑자기 제 이야기처럼 느껴졌습니다.

'어머, 나 과부 되면 안 돼. 아이들을 혼자 키울 수도 없는데…'

그 순간, 하나님께서 제 마음을 흔드셨습니다. 그날 이후 저는 남편의 신학 공부를 더는 방해하지 않았습니다. 남편이 밤마다 삼각산에서 철야기도를 하고, 새벽에 돌아와도 더 이상 반대하지 않았습니다. 하지만 자존심 때문에 이 이야기를 남편에게 하지는 않았습니다. 이 사실을 처음 남편이 알게 된 것은 부흥회에서 간증했을 때였습니다. 부흥회가 끝난 후 남편이 말했습니다.

"그걸 왜 이제 말해? 나는 그게 너무 궁금했었어!"

그동안 제 반대를 이겨내고 묵묵히 기도하며 공부하던 남편은 하나님께서 개입하셨다는 것을 그제야 깨닫게 되었습니다.

지금은 저도 기도 생활을 하고, 믿음이 깊어지면서 영적인 의지도 강해졌습니다. 부부가 함께 살다 보면 서로 닮는다고 하더니, 저도 이제는 결단력과 추진력이 생겼습니다. 남편도 저와 살면서 정이 많아져 요즘은 집에서 화초에 물 주는 걸 좋아합니다. 예전에는 관심 없던 꽃도 이제는 "너무 예쁘다" 하며 가꾸는 모습을 보면, 부부는 이렇게 서로 닮아 가는구나 싶습니다.

하나님께서 제 삶에 개입하시고 결국 남편의 목회 길을 인정하게 하신 것처럼, 우리는 하나님의 계획을 거스를 수 없습니다.

우리가 하나님의 뜻을 받아들이고 순종할 때, 주님은 가장 선한 길로 인도하십니다.

제2부
기도와 믿음의 역사

1. IMF 때 경험한 만 원의 행복

"그 주인이 이르되, 잘하였도다. 착하고 충성된 종아, 네가 적은 일에 충성하였으매 내가 많은 것을 네게 맡기리니, 네 주인의 즐거움에 참여할지어다."(마태복음 25:21).

처음 교회를 개척하고 기도하며 교회 건물을 찾던 때의 일입니다. 당시 저는 기독교연합신문을 펴서 교회 임대 광고를 살펴보았습니다. 서울부터 부산까지 전국의 교회 임대 광고가 가득했는데, 그중 서울 강서구 화곡동에 있는 40평 규모의 지하 성전이 눈에 들어왔습니다. 보증금 3천만 원에 월세 40만 원이었습니다. 그때 목사님께서 신문을 보시더니 갑자기 말씀하셨습니다.

"여기다!"
저는 깜짝 놀라며 물었습니다.
"가보지도 않고 어떻게 여기라고 확신하세요?"
그러자 목사님께서는 단호하게 대답하셨습니다.
"서울부터 부산까지 모든 임대 광고를 다 읽었는데, 하나님께서 성령의 감동으로 '여기다'라고 알려주셨어."

우리가 개척할 지역은 강서구 화곡동이라는 것이었습니다. 신문에 나온 교회로 바로 전화를 걸었더니, 그곳 목사님이 바로 만나자고 하셨습니다.

교회를 방문해보니, 지하 성전의 시설이 이미 다 갖춰져 있어 몸만 들어가면 되는 상태였습니다. 목사님과 대화를 나눈 후, 저는 조심스럽게 말했습니다.

"조금 더 생각해 보고 다시 연락드리겠습니다."

교회를 나와 남편에게 말했습니다.

"여보, 교회를 하려면 동네라도 한 바퀴 돌아보고 계약해야 하지 않겠어요? 하나님께서 그곳을 지정하셨다고 해도 바로 계약하는 건 아닌 것 같아요."

목사님께서는 당장 계약하려 하셨지만, 제 말을 듣고 함께 화곡8동을 돌아보기로 했습니다. 차를 타고 동네를 둘러보니 정말 교회가 많았습니다.

"여보, 교회가 없는 곳에서 개척해야지. 건물마다 교회가 있는데 여기서 개척하면 누가 오겠어요?"

제 말에 목사님도 생각에 잠기셨습니다.

"그러게, 교회가 정말 많네…"

그러나 잠시 후, 목사님은 저에게 잊지 못할 말씀을 하셨습니다.

"여보, 목회는 우리가 하는 게 아니고 하나님이 하시는 거야. 사람들이 교회에 오는 것도 우리가 하는 게 아니라 하나님께서 구원받을 영혼을 보내주시는 거지. 여기에 교회가 많아도 하나님이 우리를 사용하시면 교회를 일으키시는 거야. 그러니까 하나님이 지정하신 이 장소에 계약해야 해. 지금 바로 내려가서 계약하자."

그 말씀을 듣고 저는 남편과 함께 다시 교회로 내려가 계약을 했습니다. 그렇게 교회를 개척한 후, 하루에 다섯 시간씩 기도하고, 열심히 전도하며 주님의 일을 감당해 나갔습니다.

요즘은 만 원으로 할 수 있는 일이 많지 않지만, 개척교회 시절에는 단돈 만 원이 가져다주는 행복을 경험한 적이 있습니다.

IMF 시절, 교회를 개척한 지 얼마 안 되었을 때 매주 토요일마다 주일 식사를 준비해야 했습니다. 그러나 교회 형편이 넉넉지 않아 목사님께서 딱 만 원짜리 한 장을 주시며 말씀하셨습니다.

"여보, 이 돈으로 주일 식사를 준비해 줘."

그 만 원을 들고 까치산 시장으로 향했습니다. 당시 콩나물 가격이 저렴해서, 저는 어디서 천 원어치를 더 많이 주는지 비교하며 사야 했습니다. 시장에는 채소 가게가 두 곳 있었는데, 한 곳에서는 정량만 주었고, 다른 한 곳에서는 천 원어치를 두 배로 주었습니다. 그 가게에서 콩나물을 사다 보니 주인아저씨가 물었습니다.

"왜 이렇게 콩나물을 많이 사세요?"

"우리 교회에서 주일 식사로 콩나물국을 끓이려고 해요."

그러자 주인아저씨는 더 많은 콩나물을 담아주셨습니다. 그렇게 끓인 콩나물국으로 20~30명이 식사할 수 있었습니다. 이 외에도 어묵 2천 원어치를 사서 볶고, 감자를 사서 감자볶음을 만들며 주일 식사를 준비했습니다.

어느 날, 시장에 새로운 생선 가게가 생겼습니다. 오픈 기념으로 동태 한 마리를 500원에 판매하고 있었습니다. 그 기회를 놓치지 않고 동태를 사서 찌개를 끓였습니다.

식사 때마다 목사님은 식탁 앞에서 감사하며 말씀하셨습니다.

"이것이 바로 만 원의 행복이다!"

그 작은 돈으로 맛있는 음식을 만들고, 성도들과 함께 식사하며 개척교회 사역의 기쁨을 누릴 수 있었습니다.

하나님은 작은 일에 충성하면 이후에 큰 것을 맡기십니다.

단돈 만 원으로 주일 식사를 준비하며, 어떻게 하면 작은 돈을 알뜰하게 사용할 수 있을지 치열하게 고민했습니다.

그렇게 하나님께서 저희를 훈련시키셨고, 지금은 누군가 어렵다고 하면, 혹은 선교사님이 힘들게 사역하고 계시다는 소식을 들으면 선뜻 100만 원을 드릴 수 있는 물질의 복을 허락해 주셨습니다.

지금 돈이 없다고 해서 훗날에도 없는 것이 아니고, 지금 있다고 해서 앞으로도 계속 있는 것도 아닙니다. 물질이 많아도 하나님 앞에서 교만하면 모든 것이 사라질 수 있습니다. 하나님께서 "후—" 하고 불어버리시면 있는 것도 사라지고, "후—" 하고 불어주시면 없는 것도 날아옵니다.

이스라엘 백성이 광야에서 만나와 메추라기를 공급받았던 것처럼, 하나님께서는 필요할 때 풍성한 것으로 채워주십니다.

지금 우리에게 주어진 것을 하나님 보시기에 합당하게 사용한다면, 하나님께서는 앞으로 더 많은 것을 맡기실 것입니다.

2. 긍휼히 여기는 자는 복이 있나니

"긍휼히 여기는 자는 복이 있나니, 그들이 긍휼히 여김을 받을 것이요."(마태복음 5:7).

교회를 개척했을 때 있었던 일입니다.

어느 날, 한 남자 성도님이 교회에 출석하기 시작했습니다. 약 4주간 교회를 다닌 후 저에게 면담을 요청하셨습니다. 면담 중 그분은 절박한 표정으로 말씀하셨습니다.

"내일까지 합의금 200만 원을 내야 하는데, 내지 못하면 감옥에 가야 합니다. 도와주실 수 있을까요?"

저 역시 생활이 넉넉하지 않았지만, 우리 교회에 등록한 성도가 단돈 200만 원이 없어 감옥에 가야 한다니 마음이 아팠습니다. 결국 저는 그분에게 돈을 마련해 드렸고, 덕분에 그는 감옥에 가지 않게 되었습니다.

또 다른 날, 한 여자 성도님이 교회에 등록하셨습니다. 두 주간 출석하시다가 셋째 주가 되었을 때, 저에게 전화를 걸어 만나고 싶다고 하셨습니다. 궁금한 마음에 교회로 가 그분을 만났고, 힘든 사정을 듣게 되었습니다.

"자녀가 넷이나 있는데, 두 달 전에 막내를 출산했어요. 그런데 병원비가 없어서 아기를 병원에 두고 도망쳐 나올 수밖에 없었습니다. 아이를 데려와야 하는데 병원비가 밀려 있어서 어쩔 수가 없어요."

갑작스러운 이야기였습니다. 교회에 등록한 지 얼마 되지 않은 분이라 사실 여부가 확신이 서지 않았습니다. 저는 조심스럽게 물었습니다.

"병원비가 얼마나 필요하세요?"

그분은 300만 원 정도가 필요하다고 답하셨습니다. 큰돈이라 선뜻 도와드리기 어려웠고, 먼저 사실 확인이 필요하다고 생각했습니다. 저는 그분에게 일단 집으로 돌아가시라고 말씀드린 후, 직접 병원에 전화를 걸었습니다. 제가 동네 개척교회 사모라고 밝히며 원장님과 통화하게 되었습니다. 성도님의 사정을 전하며 사실 여부를 확인해 달라고 부탁드렸습니다. 원장님은 한숨을 쉬며 말씀하셨습니다.

"사실입니다. 보통 신생아들은 출산 후 2주에서 한 달 안에 퇴원해야 하는데, 이 아기는 두 달이 넘도록 병원에 있습니다. 간호사들도 많이 지쳐 있고, 더는 돌볼 수 없는 상황이에요."

그 말을 듣는 순간, 하나님께서 제게 '50만 원으로 합의를 보라'는 마음을 주셨습니다. 저는 조심스럽게 원장님께 말씀드렸습니다.

"저는 작은 개척교회 사모입니다. 이분도 이제 막 등록하신 분이라

제2부 기도와 믿음의 역사 • 59

저희 형편으로는 300만 원을 마련하기 어렵습니다. 혹시 병원비를 50만 원으로 조정해 주실 수 있을까요? 그러면 제가 그 돈을 드리고 아기를 데려올 수 있을 것 같습니다."

예상치 못한 제안이었지만, 원장님께서는 잠시 고민하시더니 뜻밖의 대답을 하셨습니다.

"알겠습니다. 사모님이 무슨 죄라고 이런 부탁까지 하시나요? 그렇게 하세요."

하나님께서 주신 지혜로 병원비를 50만 원으로 조정할 수 있었습니다. 저는 성도님을 다시 만나 50만 원을 건네며, 이 돈으로 병원에 가서 아기를 데려오라고 전했습니다. 그 순간, 한 가정을 지켜낼 수 있었다는 생각에 감사한 마음이 들었습니다. 하지만 몇 달간 교회를 다니던 그 성도님은 어느 날 갑자기 교회를 떠나겠다고 했습니다. 이유를 묻자, 뜻밖의 대답이 돌아왔습니다.

"아이 중 하나가 유치원 갈 나이가 됐는데, 다른 교회 유치원에서 교인들에게 10~20% 할인을 해준다고 해서 그쪽으로 가려고요."

그 말을 듣는 순간, 마음이 허전하고 쓸쓸했습니다. 목회를 하면서 수많은 사람들을 만나고 다양한 일을 겪었지만, 이런 순간은 여전히 아프게 다가옵니다. 하지만 이제는 그런 일들에 마음을 두지 않습니다.

'내가 주님의 이름으로 도왔으니 됐다.'

그런 마음으로 살아갑니다.

하나님께서는 30년이 지난 지금도 이렇게 말씀하십니다.

"그때 네가 어려운 성도를 감옥에 가지 않도록 도왔지? 아기를 병원에서 데려올 수 있도록 손을 내밀었고, 집이 없는 성도에게 집을 얻게 했으며, 가난한 학생들에게 장학금을 주었고, 생활이 어려운 이들에게 생활비를 나누어 주었지. 나는 그 모든 것을 알고 있다."

세월이 지나도, 제가 했던 일들을 기억해 주시는 분은 오직 하나님이십니다.

제가 힘들고 어려운 형편 속에서도 누군가를 돕고자 했던 그 마음을 하나님께서는 아셨고, 결국 하나님의 때에 저에게 놀라운 재정의 기름을 부어주셨습니다.

그것이 바로 하나님의 사랑이며, 긍휼의 마음이 주는 복입니다.

3. 너무 맛있는 닭죽, 너무 맛없는 닭죽

"너희 중에 있는 하나님의 양 무리를 치되, 억지로 하지 말고 하나님의 뜻을 따라 자원함으로 하며, 더러운 이득을 위하여 하지 말고 기꺼이 하며, 맡은 자들에게 주장하는 자세를 하지 말고 양 무리의 본이 되라."(베드로전서 5:2-3).

목회를 하다 보면 아픈 성도들이 자주 교회에 등록하곤 합니다. 특히 중병을 앓는 성도들을 위해, 우리 교회는 40일 릴레이 금식기도와 철야기도를 드리곤 했습니다.

성도들이 자신의 이름을 적어두고 기도하던 중, 감당하지 못하는 날이 생기면 우리 남편 목사님이 대신 금식하며 기도에 참여했습니다. 이 사실을 알게 된 한 집사님이 어느 날 닭죽을 끓여 가져오셨습니다. 우리 자녀들은 처음에 닭죽을 먹으며 너무 맛있다며 감탄했습니다. 즐겁게 식사하던 중, 동생이 형에게 물었습니다.

"형! 이 세상에서 제일 맛있는 음식이 뭘까?"

"닭죽!"

목사님이 꾸준히 성도들의 영혼을 붙잡고 기도하시는 모습을 보며, 집사님은 계속해서 닭죽을 정성껏 끓여오셨습니다. 어느새 냉장고 안에는 닭죽이 차곡차곡 쌓이기 시작했습니다. 닭죽이 영양가도 높고 맛있다고 하니, 집사님도 기쁨으로 준비하셨을 것입니다. 하지만 지금 생각해보면, 죽 종류도 참 많은데 왜 닭죽만 계속 가져오셨을까 싶습니다. 어쨌든 우리 가족은 꽤 오랫동안 닭죽을 먹어야 했습니다. 남는다고 버릴 수도 없었으니까요. 결국, 식탁에 앉은 두 자녀의 입에서 이런 말이 터져 나왔습니다.

"형! 이 세상에서 제일 맛없고 싫은 음식이 뭔지 알아?"
"뭐긴 뭐야? 닭죽이지."

4. 영적인 자녀를 순산하는 꿈

"보라, 자식들은 여호와의 기업이요, 태의 열매는 그의 상급이로다."(시편 127:3).

어느 날, 저는 아주 생생한 꿈을 꾸었습니다.

저는 아기를 가진 줄도 모르고 있었는데, 어느새 배가 만삭이 되어 있었습니다.

"어머나! 이게 어떻게 된 거지?"

순간 당황스러웠고, 여러 가지 생각이 스쳐 지나갔습니다. 저는 어렵게 남편 목사님께 입을 열었습니다.

"여보, 나 다른 남자와 잠자리를 가진 적도 없는데… 아기를 가졌어요. 어떻게 하지요?"

목사님은 놀라지 않고, 따뜻한 눈빛으로 말했습니다.

"난 당신을 믿어."

그 한마디에 모든 걱정과 혼란이 사라졌고, 마음엔 행복과 기쁨이 밀려왔습니다. 잠시 후, 배에 힘을 한 번 주었더니 아기가 쑥 태어났습니다. 신기하게도 전혀 아프지도 않았고, 고통도 없었습니다. 아기를 바라보니 얼마나 사랑스럽고 예쁜지, 말로 다 표현할 수 없는 감격이 밀려왔습니다. 출산 후 저는 교회 일로 외출했다가 저녁 무렵에야 집에 돌아왔습니다. 집에 들어서자 아기가 아주 예쁜 이불에 싸여, 얼굴만 내민 채 방 아랫목에서 곤히 자고 있었습니다.

'목사님이 이렇게 정성껏 돌보아 주셨구나.'
고마운 마음이 들던 순간, 아기가 고개를 갸우뚱갸우뚱 움직이기 시작했습니다.
'어머! 아기가 하루 만에 이렇게 크다니, 참 신기하네!
내가 이렇게 예쁜 아기를 낳았네. 안 낳았으면 어쩔 뻔했어!'
행복감에 젖어 있던 그때, 목사님이 저를 깨우며 말했습니다.

"여보, 아침 먹자."
부스스 눈을 떴지만, 너무나 행복한 꿈이어서 다시 그 꿈속으로 돌아가고 싶었습니다.
놀랍게도, 그 꿈처럼 요즘 목회가 참 쉽습니다.
특별히 애쓰지 않아도 전도가 되고, 새신자들이 자연스럽게 교회에 등록하고 있습니다.
저는 성도들에게 예언과 치유 사역을 통해 힘과 소망을 전하고 있고, 목사님은 말씀을 통해 성도들이 잘 자라도록 양육하고 계십니다.

5. 교회 안의 아름다운 무지개

"너희 중에 있는 하나님의 양 무리를 치되 억지로 하지 말고 하나님의 뜻을 따라 자원함으로 하며, 더러운 이득을 위하여 하지 말고 기꺼이 하며, 맡은 자들에게 주장하는 자세를 하지 말고 양 무리의 본이 되라. 그리하면 목자장이 나타나실 때에 시들지 아니하는 영광의 관을 얻으리라"(벧전 5:2-4).

어느 날, 꿈을 꾸었습니다. 꿈속에서 성전 안에는 개, 돼지, 쥐, 염소 등이 빽빽하게 모여 있었고, 창문에는 고양이도 앉아 있었습니다. 각종 짐승들이 방 안에서 서로 섞여 생활하고 있었는데, 마치 노아가 방주를 짓고 나서 각종 육축과 새들을 데리고 들어갔던 모습과 같았습니다.

방주는 교회의 모형입니다. 교회는 다양한 사람들이 모이는 곳입니다. '방주 안이 얼마나 시끄러웠을까?' 생각해 봅니다. 성도들을 바라볼 때마다 성별, 이름, 혈액형, 가문, 습관, 학벌, 빈부격차, 직업, 나이, 환경, 믿음 등 저마다의 색깔과 모습이 다름을 발견하게 됩니다. 그럼에도 불구하고 성령께서 만져 주시면, 다양한 모습들이 아름다운 무지개처럼 조화를 이루게 됩니다.

교회도 방주 안처럼 여러 가지 일들과 사건들로 인해 시끄러울 때가 많지만, 주님이 주신 지혜와 은혜로 잘 이끌어 나가야 합니다.

> "안디옥 교회에 선지자들과 교사들이 있으니 곧 바나바와 니게르라 하는 시므온과 구레네 사람 루기오와 분봉왕 헤롯의 젖동생 마나엔과 및 사울이라. 주를 섬겨 금식할 때에 성령이 이르시되 내가 불러 시키는 일을 위하여 바나바와 사울을 따로 세우라 하시니, 이에 금식하며 기도하고 두 사람에게 안수하여 보내니라"(행 13:1-3).

안디옥 교회의 지도자들은 전혀 다른 삶을 살아왔지만, 주 안에서 변화되어 아름답게 조화를 이루며 쓰임 받는 제자들이 되었습니다.

바나바는 품성이 좋은 사람으로 알려져 있습니다. 니게르라고 불린 시므온은 흑인이었습니다. 구레네 사람 루기오는 오지에서 살던 사람이었지만, 교회의 지도자가 되었습니다. 분봉왕 헤롯의 젖동생 마나엔은 왕족 출신이었으나 예수를 믿고 변화되었습니다. 사울은 강직한 전도자였습니다.

안디옥 교회는 지도자들의 배경이 전혀 달랐지만, 성령 안에서 아름다운 조화를 이루며 사역하는 모범적인 교회였습니다. 교회는 한쪽으로 치우친 사람들만의 모임이 아니라, 다양한 사람들이 모여 주 안에서 성령으로 빚어지고 쓰임 받아야 하는 곳입니다.

기도하던 중, 환상 가운데 예수님께서 아기를 안고 오셔서 제게 안겨 주셨습니다. 제가 두 팔을 벌려 그 아기를 안았는데, 예수님께서는 또 다른 아기를 안고 오셔서 제게 주셨습니다. 저는 또 두 팔을 벌려 아기를 받아 안았습니다. 예수님은 계속해서 새로운 아기들을 제게 안겨 주셨습니다. 앞으로 수많은 어린 영혼을 저에게 맡기시겠다고 말씀하셨습니다.

"주님! 주님의 어린 양들을 목자의 심정으로 잘 돌볼 수 있도록, 주님의 사랑과 마음을 가득 부어 주소서."
저의 삶 전체가 예수님의 사랑과 마음으로 가득 채워지기를 간절히 소망합니다.

부흥집회를 다니며 하나님께서 주신 영적 은사인 환상, 예언, 신유를 통해 주님의 사랑을 나타낼 수 있었습니다. 또한 교회에서 진행하는 목요 집회와 토요 상담 시간을 통해 매주 수많은 성도들을 만나게 하셨습니다. 주일마다 새로운 영혼들을 보내 주셔서 그들을 위해 기도하게 하셨고, 말씀과 성령으로 변화되는 모습을 통해 기쁨을 얻게 하셨습니다. 비록 육신은 피곤할 때가 많지만, 하나님께서 저를 쓰시고 붙들어 주심에 늘 감사드립니다.

"예수님! 사랑해요."
어느 주일, 금식기도 중이었습니다. 낮에 방 안 소파에 앉아 있었는데 스르르 졸음이 몰려왔습니다. 순간적으로 잠이 들었고, 제 귀에 어린이 예배가 끝나는 소리가 들려왔습니다.

'일어나야지' 생각하는 순간, 제 영의 눈이 열렸습니다.

예수님께서 성전에서 오른손을 이마에 올리시며 마치 '오늘 누가 왔나' 하시듯 예배를 살펴보고 계셨습니다.

"예수님께서 어린이 예배에 오셨다!"라는 생각이 드는 순간, 다음 장면이 펼쳐졌습니다.

주님께서 맨발로 계단을 급하게 오르고 계셨습니다. 신발을 신지 않으신 모습이셨습니다.

'어? 신발도 안 신고 다니시네.'

그 생각을 하던 순간, 잠에서 깨어났습니다.

불꽃 같은 눈동자로 살피시는 주님의 모습을 떠올리며, 더욱 겸손해지고 주님 앞에서 바르게 살아야겠다는 마음이 들었습니다.

6. 첫 전도의 열매

"그러므로 너희 죄를 서로 고백하며 병이 낫기를 위하여 서로 기도하라. 의인의 간구는 역사하는 힘이 크니라"(야고보서 5:16).

개척교회를 시작한 후, 저녁에도 거리에 나가 전도를 하던 중 어느 날 한 술집 앞에서 술에 취한 남성을 마주쳤습니다. 얼굴이 벌겋게 달아오른 그는 팔짱을 낀 채 서 있었습니다. 저는 그에게 다가가 말했습니다.

"아저씨, 교회 다니세요?"
"안 다닙니다."
"우리 교회에 한 번 와보세요."

저는 전도지를 건네며 정중히 권유했습니다. 그러자 그는 주일에 교회에 오겠다고 약속했고, 정말로 개근상을 받을 정도로 빠짐없이 주일마다 출석하기 시작했습니다. 어느 날 그는 저를 찾아와 조심스럽게 말을 꺼냈습니다.

"사모님, 상의드리고 싶은 게 있습니다."

그가 들려준 사연은 참으로 안타까웠습니다. 군 복무 중 상사에게 심하게 구타를 당해 머리를 맞았고, 그로 인해 뇌에 이상이 생겼다고 했습니다. 결국 군에서는 그를 의병 제대시켰고, 집으로 돌아왔을 때 어머니는 아들이 첫 휴가를 온 줄 알고 반겼다고 합니다. 그러나 실제로는 아들이 심각한 정신적 문제를 안고 돌아온 것이었습니다. 그때부터 그는 지속적으로 정신과 치료를 받으며 약을 복용해야 했고, 어머니는 억울한 마음에 군을 상대로 소송까지 제기했지만 결국 패소하여 보상도 받지 못했다고 했습니다. 하지만 무엇보다도 그를 가장 괴롭히는 것은 24시간 내내 이어지는 환청이었습니다.

"시장에 가면 사람들이 웅성웅성 수군거리잖아요? 저는 그런 소리를 하루 종일 듣습니다. 어떨 때는 누군가 '야!' 하고 부르는데, 돌아보면 아무도 없습니다."

그는 정상적인 생활이 어려울 정도로 환청에 시달리고 있었습니다. 그의 이야기를 들은 저는 너무나 안타까운 마음이 들었고, 하나님께 간절히 기도해야겠다는 결심이 섰습니다. 저는 마음을 굳게 먹고, 3일 동안 금식하며 그를 위해 기도하기로 했습니다. 목사님께 월요일부터 수요일까지 대한수도원에 가서 3일 금식을 하고 오겠다고 말씀드리고, 아이들을 부탁한 후 짐을 싸서 강원도의 기도원으로 향했습니다.

기도원에 도착한 첫날 밤, 자정부터 금식을 시작했습니다. 그런데 그날 밤부터 온몸에 열이 나기 시작하더니, 화장실에 가는 것조차 힘들 정도로 상태가 급격히 나빠졌습니다. 마당에 있는 화장실까지 네 발로 기어가야 할 정도였습니다.

'내가 그 형제를 위해 금식하려 하니, 사탄이 방해하는구나!'

그렇게 생각하며 이를 악물고 버텼습니다. 하지만 제 상태를 본 기도원 사모님과 성도님들은 걱정하며 말렸습니다.

"사모님, 이건 하나님이 기뻐하시는 금식이 아니에요. 그만두세요."

그러나 저는 사탄의 방해라고 믿으며 금식을 이어갔습니다. 다음 날이 되자 상태는 더 심해졌고, 숨이 끊어질 듯한 고통 속에서도 '3일을 꼭 채워야 해'라는 생각만 붙들었습니다.

결국 둘째 날 밤 9시, '이대로 가다가는 정말 죽겠다'는 두려움이 들었습니다. 주변 성도님들도 이제 그만하셔야 할 것 같다고 말렸고, 한 분이 주방에서 죽을 가져다주셨습니다. 놀랍게도, 한 숟가락을 먹자마자 온몸의 고통이 사라졌습니다. 급히 공중전화로 목사님께 연락했습니다.

"여보, 나 지금 죽을 것 같아요. 데리러 와 주세요."

목사님은 곧바로 차를 몰고 오셨고, 저는 집으로 돌아왔습니다. 집에서 음식을 먹으며 몸을 회복한 뒤, 저는 하나님께 기도드렸습니다.

"하나님, 제가 3일을 채우지 못했습니다. 대신 하루하고 3시간을 더 금식하겠습니다. 부디 저의 기도를 받아 주세요."

그렇게 저는 남은 금식기도를 나누어 이어갔고, 이 사실은 목사님과 저만 알고 있었습니다.

그다음 주 수요일, 그 형제가 수요예배에 참석했습니다. 예배가 끝난 후 그는 저를 찾아와 말했습니다.

"사모님, 신기하게도 환청이 들리지 않아요."
저는 놀라서 말했습니다.
"형제님, 제가 지난주에 3일 금식기도를 드렸어요. 하나님께서 기도를 들어주신 것 같아요!"
그는 감격에 찬 목소리로 대답했습니다.

"사모님이 금식하신 그다음 날부터, 환청이 완전히 사라졌습니다."
그 순간, 저는 하나님께서 살아 계시고 지금도 우리를 불꽃같이 지켜보고 계심을 다시 한 번 깊이 깨달았습니다.
이것이 바로, 제가 사모가 된 후 맺은 첫 전도의 열매였습니다.

7. 하나님 눈치를 보는 사람이 되세요

"예수께서 대답하여 이르시되 너희가 성경도, 하나님의 능력도 알지 못하는 고로 오해하였도다"(마태복음 22:29).

저는 32살에 사모가 되어 39살까지 목회를 해오며, 인본주의적인 방식으로 사역했던 것 같습니다. 예배 시간이 되면 새 가족을 섬기고, 들어온 과일을 성도들과 나누며, 어려운 이웃을 돕는 등의 일을 했습니다. 하지만 돌아보니, 그것은 하나님을 바라본 것이 아니라 사람의 비위를 맞추는 일이었음을 깨닫게 되었습니다.

개척교회를 시작한 후 주일학교 아이들이 100명까지 늘어나고, 많은 일꾼이 세워졌습니다. 그러나 성도가 많아지면서 예상치 못한 문제들이 발생했고, 결국 많은 성도들이 교회를 떠나기도 했습니다. 그럴 때마다 마음이 무너지고 공허해졌으며, 때로는 '하나님께서 나를 버리셨나?' 하는 두려움이 밀려오기도 했습니다. 이후 불면증이 찾아왔고, 밤을 새우는 날이 많아졌습니다. 식욕이 사라지고, 대인기피증까지 생겨 사람을 피하고 싶어졌습니다. 길에서 아는 사람을 만나도 도망가고 싶은 마음이 들 정도로 힘든 시간을 1년 가까이 보냈습니다. 목회하면서 받은 상처로 인해 우울증이 찾아온 것이었습니다.

가장 어려웠던 어느 날, 저는 골목길에서 마치 몸이 100미터 아래로 꺼져 내려가는 듯한 경험을 했습니다. 제 인생에서 가장 힘들었던 순간이었습니다. 그러던 중, 새해를 맞아 목사님께서 저에게 안수기도를 해주시며 말씀하셨습니다.

"이제 사람 눈치 보지 말고, 하나님 눈치를 보는 사람이 되세요."
그 기도를 받은 후 밤새도록 생각했습니다.
'내가 하나님 눈치를 보고 살아왔지, 언제 사람 눈치를 봤다고 이런 기도를 받았을까?'

그런데 가만히 돌아보니, 목사님의 말씀이 맞았습니다. 어릴 적에는 등록금을 내지 못해 선생님 눈치를 보다가 결국 퇴학을 당했고, 검정고시를 거쳐 숭의여고 야간부에 입학해 낮에는 일하고 밤에는 공부하며 살아야 했습니다. 무역회사에서 일할 때는 사장님과 직원들의 눈치를 살폈고, 23살에 목사님을 만나 압구정동에서 서예학원 강사로 일할 때도 학생들의 눈치를 봤습니다. 결혼 후에는 신앙이 깊은 시부모님 앞에서 스스로 부족한 사람처럼 느껴졌습니다. 시어머니께서는 저를 꾸중하며 신앙 훈련을 시키셨고, 그때는 힘들어 울기도 했습니다. 그러나 시간이 지나면서 시어머니께서 가르쳐 주신 기도의 훈련이 사모로서 너무나 필요했던 것임을 깨닫게 되었습니다.

32살에 화곡동에서 교회를 개척했을 때, 저는 사모로서 특별히 잘하는 것도, 내세울 재능도 없었습니다. 요리도, 노래도, 경제적 여유도 없었고, 시어머니께 효도조차 말로만 드릴 수밖에 없었습니다. 어머니께서는 종종 말씀하셨습니다.

"은진아, 혹시 네가 물에 빠지면 입만 동동 뜰 거야."

저는 말로 효도하는 사람이었습니다. 어머니 생신 때 2만 원을 봉투에 넣어 드리며 말씀드렸습니다.

"어머니, 지금은 2만 원을 드리지만, 언젠가 10만 원을 드릴 날이 올 겁니다."

하나님의 은혜로 점차 용돈을 늘려 결국 100만 원까지 드릴 수 있었고, 어머니께서는

"나는 너의 말만 들어도 배가 부르다"라고 하셨습니다.

교회를 개척한 후, 저는 하나님께 기도드렸습니다.

"하나님, 저는 사모로서 무엇을 할 수 있을까요?"

그때 하나님께서 제게 주신 재능이 바로 '말'이라는 것을 깨달았습니다. 그래서 하루에 5시간씩 기도하기로 결심했습니다. 저녁 9시부터 새벽 2시까지 하나님 앞에 매달려 기도했습니다. 개척교회라 돈도 없고 할 수 있는 일도 많지 않았지만, 시간이 있었기에 매일 철야 기도를 드릴 수 있었습니다.

하나님의 은혜로 기도의 영이 부어지니 졸음도 오지 않았고, 5시간, 8시간, 10시간씩 기도할 수 있었습니다. 밤에는 기도하고, 낮에는 전

도했습니다. 학교 앞, 까치산역에서 전도하니 많은 아이들과 어른들이 교회로 나오기 시작했습니다.

주변 교회들에서도

"어떻게 저 교회는 아이들이 그렇게 많이 전도가 되냐?"며 부러워할 정도였습니다.

하나님께서는 저를 깨닫게 하시기 위해, 힘든 시간을 허락하셨습니다. 저는 사람의 비위를 맞추는 것이 하나님이 원하시는 목회라고 생각했지만, 그것은 아니었습니다. 하나님께서는 기도로 세워지는 교회를 원하셨습니다. 우울증에 걸렸을 때, 목사님께서는 이렇게 말씀하셨습니다.

"당신, 1년 동안 심방도, 전화도, 외출도 하지 말고, 오직 성경 읽고 기도하고 찬송하세요."

저는 그 말씀에 순종하여, 낮에는 성경을 읽고 찬송하며, 밤에는 성전에 가서 기도했습니다. 그렇게 1년을 보내며 기도의 능력을 체험했고, 하나님이 원하시는 것이 무엇인지 분명히 깨닫게 되었습니다.

혹시 지금도 사람의 눈치를 보며 전전긍긍하고 계신 성도님이 계시다면, 이제는 마음을 바꾸어 하나님 눈치를 보시기 바랍니다.

하나님을 먼저 바라보고 기도할 때, 하나님께서는 우리를 세상 눈치 보지 않는 복된 삶으로 인도하실 것입니다.

8. 너, 기도의 제물이 되어라

"불은 제단 위에 항상 피워 꺼지지 않게 할지니라"(레위기 6:13).

기도하던 중, 저는 주님의 음성을 들었습니다.

"너, 기도의 제물이 되어라."

기도에 집중하고 있는데, 제 마음 깊숙이 이 말씀이 강하게 들려왔습니다. 순간, 하나님께서 나에게 원하시는 것이 무엇인지 궁금해졌습니다.

저는 평생 기도의 삶을 살아왔습니다. 어머니께 배운 것도 기도였기에, 결혼 후에도 하나님 앞에서 기도를 쉬지 않았습니다. 하지만 그 날 들려온 주님의 음성은 저에게 새로운 깨달음을 주었습니다.

'기도의 제물이 된다는 것은 무엇일까?'

그 의미를 알고 싶어 저는 다시 하나님께 간절히 물었습니다.

"주님, 어떻게 해야 제가 기도의 제물이 될 수 있습니까?"

그러자 주님께서는 다시 말씀하셨습니다.

"너, 40일 동안 철야기도를 하여라."

저는 평소에도 매일 저녁 9시부터 새벽 2시까지 5시간씩 기도하는 삶을 살고 있었습니다. 그런데 하나님께서는 특별히 '철야기도'를 원하셨습니다. 순간 궁금증이 생겼습니다.

"주님, 철야기도는 몇 시부터 몇 시까지 하는 것입니까?"
그때 주님께서는 제 마음에 말씀하셨습니다.
"밤 12시부터 새벽 4시까지 기도하는 것이 철야기도다."
그 말씀을 듣고 저는 철야기도를 시작하기로 결심했습니다. 집으로 돌아와 목사님께 말씀드렸습니다.

"목사님, 오늘 기도 중에 하나님께서 저에게 기도의 제물이 되라고 하시며, 40일 동안 철야기도를 하라고 말씀하셨어요."
그러자 목사님은 단호하게 대답하셨습니다.

"하나님께서 말씀하셨다면 순종해야죠. 바로 시작합시다."
목사님은 제가 기도 중에 받은 감동을 단 한 번도 의심하거나 반대하지 않으셨습니다. 하나님의 뜻이면 즉시 순종해야 한다는 마음이셨기 때문입니다. 그렇게 다음 날부터 밤 12시부터 새벽 4시까지, 40일 철야기도가 시작되었습니다.

하나님께서 우리에게 명령하시고, 우리가 그 말씀에 순종하려 할 때 사탄은 반드시 방해합니다. 철야기도를 시작한 첫날, 기도를 마치고 성전에서 나와 빌라 계단을 내려가던 순간 섬뜩한 기운이 느껴졌습니다. 어두운 형체가 계단 한쪽에 서 있는 것 같았고, 몸이 얼어붙는 듯한 느낌이 들었습니다. 그때 발을 잘못 디디면서 오른쪽 발목이 '뚝' 소리를 내며 꺾였습니다. 엄청난 통증에 그 자리에 주저앉았고, 목사님이 저를 일으켜 세워 겨우 집으로 돌아왔습니다. 그런데 며칠 후, 남편도 똑같이 계단을 내려가다 저와 같은 오른쪽 발목을 삐었습니다. 순간 깨달음이 왔습니다.

'이건 단순한 사고가 아니다. 사탄이 기도를 막으려 하고 있구나!'

그렇지만 우리는 기도를 멈추지 않았습니다. 절뚝거리면서도 계속 철야기도를 이어갔습니다. 하지만 발목의 통증은 점점 심해졌고, 어느 날은 너무 아파서 기도조차 힘든 날이 있었습니다. 저는 방석을 반으로 접어 발목을 받친 채 하나님께 부르짖었습니다.

"하나님, 성도님들은 무릎 꿇고 기도하는데, 저는 이렇게 아파서 제대로 기도조차 하지 못하고 있습니다. 저도 무릎 꿇고 기도할 수 있도록 고쳐 주세요."

그때 마음속에 감동이 왔습니다.

'내 손을 발목 위에 얹고 기도하자.'

저는 즉시 손을 발목에 얹고 방언으로 기도하기 시작했습니다.

"하나님, 제가 손을 얹고 기도할 때 이 발목이 낫게 해 주신다면, 이것이 주님의 신유의 은사임을 믿고 감사하겠습니다."

기도를 마친 후, 천천히 무릎을 꿇어 보았습니다. 놀랍게도, 전혀 아프지 않았습니다. 무릎이 자연스럽게 꿇어졌고, 순간 감격이 밀려왔습니다.

"하나님은 이렇게 역사하시는 분이시군요!"

너무 감사한 마음에 지갑을 열어보니, 지갑 안에는 10만 원이 있었습니다. 하나님께 감사드리는 마음으로 그 돈을 헌금 봉투에 넣어 목사님께 가져갔습니다. 목사님은 놀라며 물으셨습니다.

"이게 무슨 감사 헌금이에요?"

저는 방금 일어난 기적을 말씀드렸습니다. 그러자 목사님이 웃으며 말씀하셨습니다.

"그럼 내 발목도 빨리 기도해 줘!"

저는 즉시 목사님의 발목에 손을 얹고 기도했습니다. 다음 날 밤, 목사님께서 말하셨습니다.

"어제 기도 받고 50% 나았어."

다시 기도드렸습니다.

"이번에는 75% 나았어."

세 번째 기도 후, 목사님의 발목도 완전히 치료되었습니다.

하나님께서는 기도를 통해 우리를 직접 만지시고 치유하시는 분이십니다. 그분은 단순한 관념 속의 존재가 아니라, 살아 계시며 지금도 역사하시는 하나님이십니다.

우리는 종종 입술로는 하나님을 부르지만, 진정한 믿음 없이 살아갈 때가 많습니다. 그러나 하나님께서는 우리가 단순히 입으로만이 아니라, 진심으로 주님을 나의 아버지, 나의 주인으로 인정하며 살아가기를 원하십니다.

하나님을 단순히 부르는 데 그치지 않고, 진정한 믿음으로 그분을 온전히 신뢰하며 살아가기를 원하십니다.

제3부
성령의 임재와 치유사역

1. 영안이 열리다

"내 눈을 열어서 주의 율법에서 놀라운 것을 보게 하소서"(시편 119:18).

어느 날, 기도하는 중에 제 마음에 감동이 찾아왔습니다.

"성령이여, 우리에게 임하여 주옵소서."

이 찬양을 부르라는 마음이었습니다. 두 손을 들고 찬양을 부르기 시작했는데, 한 번이 아니라 계속해서 부르고 싶었습니다. 짧은 찬양을 일곱 번, 여덟 번 반복해 부르는 동안, 마치 제 눈 안에 또 다른 눈이 열리는 듯한 영적인 감각이 찾아왔습니다. 그리고 갑자기 영안(靈眼)이 열렸습니다. 우리는 육안으로 세상을 보지만, 그 안에는 또 다른 영적인 눈이 존재합니다. 영안이 열리자 놀라운 일이 일어났습니다. 눈을 감고 있었음에도, 기도하던 처소가 마치 눈을 뜬 것처럼 선명하게 보였습니다. 그곳에 흰옷을 입으신 예수님께서 서 계셨습니다. 당시 저는 초겨울에도 기도 중에 불이 임해 몸이 뜨거워져, 반팔을 입고 기도하곤 했습니다. 너무 뜨거울 때는 선풍기를 켜기도 했는데, 그날은 벽걸이 선풍기가 꺼져 있었습니다. 그런데 예수님께서 선풍기 옆에 서서 줄을 잡고 계셨습니다. 제가 여쭈었습니다.

"예수님, 지금은 여름도 아닌데 왜 선풍기를 켜시려 하세요?"

그러자 주님께서 오른손을 펴시며 말씀하셨습니다.

"내가 너희들의 마음을 시원하게 해주려고 한다."

눈을 떴더니, 우리 교회 집사님 두 분이 기도하러 와 있었습니다. 저는 그들에게 말했습니다.

"집사님, 지금 여기 예수님이 와 계십니다. 주님께서 우리의 마음을 시원하게 해주시고 싶어 하십니다."

그 말을 듣던 남자 집사님이 되물었습니다.

"사모님, 지금 예수님이 어디 계세요?"

저는 다시 눈을 감았습니다. 영안이 열리면서, 예수님께서 흰옷을 입고 걸어가시는 모습이 보였습니다. 당시 우리 교회에는 목사님이 기도하시는 방석이 있었고, 그 앞에는 양 떼 그림이 그려진 작은 상이 놓여 있었습니다. 예수님께서는 목사님이 기도하시는 방석 위에 양반다리로 앉으시더니, 상 위에 두 손을 올려놓으시고 저를 바라보며 환하게 웃으셨습니다. 그 순간, 제 마음에 이런 생각이 들었습니다.

'예수님의 입이 참 크시네….'

이사야 53장 2절에는 예수님을 "고운 모양도 없고 풍채도 없다"고 묘사합니다. 그래서 저는 예수님이 볼품없는 모습일 거라고 상상했습니다. 예전에 성도들과 함께 영화 패션 오브 크라이스트를 볼 때도, 속으로 이런 생각을 했습니다.

'예수님을 연기할 배우를 성경적으로 좀 초라한 인물로 선정해야 하는데, 왜 저렇게 잘생긴 미남 배우를 캐스팅했을까? 감독이 성경을 제대로 알았다면, 더 수수한 인물을 골랐을 텐데….'

그런데 실제로 영안이 열려 주님을 뵈었을 때, 부활하신 예수님은 너무도 아름다우시고 빛나시는 모습이었습니다. 제가 본 예수님의 얼굴은 갸름하셨고, 무엇보다도 눈빛이 깊고 따뜻하셨습니다. 마치 200~300미터 깊은 골짜기를 품고 있는 듯한, 말로 다 표현할 수 없는 은혜가 눈빛 속에 담겨 있었습니다. 그 눈을 바라보는 순간, 제 안에서 이런 고백이 터져 나왔습니다.

"우리 주님의 눈은 그윽한 향기야… 그 눈 안에는 깊은 골짜기 같은 은혜가 있어…."

그때 저에게 예수님이 어디 계시냐고 물었던 집사님께 말했습니다.

"지금 예수님께서 목사님이 기도하시는 방석에 앉아 우리를 바라보며 웃고 계십니다."

그러자 그 집사님이 벌떡 일어나 방석 앞으로 달려가 엎드렸습니다. 그의 눈에는 예수님이 보이지 않았지만, 그 빈자리에서 간절히 기도하기 시작했습니다. 눈을 감고 영안으로 다시 보니, 예수님께서 그 집사님의 등을 두 손으로 다정히 두드리시며 말씀하셨습니다.

"아들아, 내가 너를 사랑한단다."

저는 집사님께 전했습니다.

"집사님, 예수님께서 집사님을 사랑하신다고 하십니다."

그 순간, 그 집사님은 대성통곡하며 엎드려 울기 시작했습니다. 흐느끼는 와중에도 그의 입술에서는 끊임없이 이 고백이 흘러나왔습니다.

"예수님, 사랑합니다… 예수님, 사랑합니다…."

그곳은 참으로 놀라운 영적인 세계였습니다.

2. 성령의 불덩이가 들어오다

"그는 성령과 불로 너희에게 세례를 베푸실 것이요"(마태복음 3:11).

영안이 열린 후, 저는 기도 중에 성령의 불을 체험하게 되었습니다. 어느 날, "주여! 주여!" 간절히 기도하고 있을 때, 눈으로 보지는 못했지만 제 손바닥을 통해 야구공만 한 불덩이가 '쑥' 하고 들어오는 듯한 강한 느낌이 들었습니다. 그 불덩이는 양손을 통해 온몸으로 퍼지더니, 그 순간 저는 뒤로 넘어졌습니다. 그전까지는 기도 중에 쓰러진 적이 한 번도 없었지만, 성령의 불이 몸에 임하자 온몸이 뜨거워졌고, 도저히 몸을 가누지 못하고 쓰러졌습니다. 마룻바닥에 누워 있었지만, 마치 양털 위에 누운 것처럼 충격이 전혀 느껴지지 않았습니다. 그때 제 귀에 여러 사람의 발소리가 들려왔습니다.

'뚜벅, 뚜벅…'
'어디서 사람들이 온 걸까?' 하고 생각했습니다.
그들은 제 주변을 둘러싸고 원을 그리며 서 있었습니다. 영적인 세계에서는 눈으로 직접 보이지 않아도 감각과 감동을 통해 무슨 일이 일어나고 있는지 알 수 있습니다. 저는 그들이 천사라는 생각보다는, '왜 사람들이 나를 둘러싸고 있을까?' 하는 의문이 더 컸습니다. 그때 한 사람이 외국어로 방언 기도를 시작하자, 반대편에 있던 이들이 또 다른 외국어로 화답하며 기도하기 시작했습니다. 놀라운 것은, 그들의 기도가 제 귀에 해석되어 들렸다는 것입니다.

"우리가 함께 통성기도를 합시다."

그 순간, '내가 지금 성령의 불을 받고 누워 있는데, 외국인들이 와서 나를 위해 기도하고 있구나!'라고 생각했습니다. 하지만 나중에야 깨달은 사실은, 그들이 바로 천사들이었다는 것입니다. 그들은 다양한 나라의 언어로 기도했지만, 저는 그 언어들을 모두 알아들을 수 있었습니다.

'이분들은 여러 나라에서 온 사람들인가 보다'라고 생각했습니다.
천사들은 약 20분 동안 각국의 언어로 기도한 뒤, 한 명이 우리말로 말했습니다.

"하나님이 사랑하시는 딸이랍니다."

그때 저는 우울증으로 외출도 하지 않고, 전화도 받지 않으며, 하루 종일 집에만 있던 상태였습니다. 그 말씀을 듣는 순간, 마음속 깊은 곳에서 기쁨이 솟구쳤습니다.

'내가 목회 중에 절망을 느꼈지만, 하나님은 여전히 나를 사랑하고 계시는구나!'

그 후 약 5분이 지나, 두 번째 음성이 들려왔습니다.

"예수님의 꽃이랍니다."
그 말을 듣는 순간, 어린 시절의 기억이 떠올랐습니다.
저는 어릴 때 못생겼다는 이유로 고향 사람들과 친척들에게 '못난이'라는 별명으로 불리며 자랐습니다. 그러나 이제 하나님께서는 저를 예수님의 꽃이라고 불러주셨습니다.
40세가 넘어 부흥회를 다니면서 많은 성도님들께
"사모님, 너무 예쁘세요."라는 말을 자주 듣곤 했습니다.
하나님께서는 우리의 겉모습이 아니라 중심을 보시며, 우리를 가장 아름답게 바라보시는 분이십니다. 그리고 세 번째 음성이 들려왔습니다.

"이 딸이 울 때 예수님도 울었고, 이 딸이 웃을 때 예수님도 웃었습니다."

사랑하는 성도 여러분,
아버지가 자녀와 감정을 나누듯, 우리가 울 때 예수님도 함께 우시고, 우리가 기쁨으로 웃을 때 주님도 함께 웃으신다는 사실을 꼭 기억하시길 바랍니다.
또 다른 날, 철야기도 중에 저는 주님의 음성을 들었습니다. 그때 어떤 문이 열리며 예수님께서 걸어 나오셨습니다. 순간 '예수님이다!'라는 생각이 들었습니다. 그리고 제 마음속에서 주님의 음성이 들려왔습니다.

"은진아, 사랑한다. 내가 너를 얼마나 많이 사랑하는지 아느냐?"

주님의 그 말씀은 마치 속삭이듯 다정하고 따뜻했습니다. 그리고 이어서 이렇게 말씀하셨습니다.

"네가 교회를 얼마나 사랑하는지를 내가 안다."

주님께서는 제가 하나님을 사랑하기에 교회를 위해 헌신하며 일하는 것을 알고 계셨습니다. 그 음성을 듣고 저는 울면서 고백했습니다.

"예수님은 지금도 나를 사랑하시고, 이렇게 위로해 주시는군요. 우리 주님은 모든 것을 아십니다."

주님께서 친히 오셔서 "네가 교회를 얼마나 사랑하는지를 안다"라고 말씀하셨을 때, 제 가슴은 뭉클해졌고, 눈물은 마치 바다처럼 흘러내렸습니다.

그 눈물은 은혜의 물결이었습니다. 우리가 천국에 가서 주님을 만날 때, 주님께서 이렇게 말씀해 주신다면 "너, 이 땅에서 교회를 위해 얼마나 수고했는지 내가 다 안다." 그 한마디면, 저는 충분히 만족할 것입니다.

신앙생활을 하다 보면 시험과 고난, 슬픔과 외로움이 많을 수 있습니다. 그러나 천국에서 주님께서 주시는 그 한 마디 말씀이 있다면, 이 땅에서의 모든 고통과 어려움은 기쁨으로 바뀔 것입니다.

3. 빛으로 오신 예수님

"여호와께서 말씀하시되 오라 우리가 서로 변론하자 너희 죄가 주홍 같을지라도 눈과 같이 희어질 것이요 진홍 같이 붉을지라도 양털 같이 되리라"(이사야 1:18).

성령의 불을 받고 계속해서 기도하던 어느 날, 저는 놀라운 경험을 하게 되었습니다. 그날도 평소처럼 빌라 거실에서 작은 미등 하나만 켜 두고 기도하고 있었습니다. 어두운 공간에서 조용히 기도에 집중하고 있었는데, 갑자기 눈앞이 환하게 밝아지는 것을 느꼈습니다.

'어? 빛이다!'

속으로 외쳤습니다. 대낮보다도 더 밝은 빛이 방 안을 가득 채웠습니다. 작은 미등 하나만 켜 놓았던 공간이었지만, 그 빛은 모든 것을 압도할 만큼 강렬하고 환했습니다. 저는 방언으로 기도하며 그 빛을 바라보았고, 그 빛의 한가운데에 흰옷을 입으신 한 분이 서 계신 것을 보았습니다. 누가 알려주지 않았지만, 저는 본능적으로 깨달았습니다.

"주님이시다… 예수님이시다!"

빛 가운데 계신 예수님의 모습을 보며, 저는 더욱 간절한 마음으로 기도했습니다. 그때, 마음 깊은 곳에서 예수님의 음성이 들려왔습니다.

"나는 너를 위해 목숨을 주었는데, 너는 나를 위해 무엇을 주겠느냐?"

그 순간, 저는 할 말을 잃었습니다.

'주님은 나를 위해 목숨까지 내어주셨는데, 나는 과연 주님을 위해 무엇을 드리고 있는가?'

아무 대답도 할 수 없었습니다. 마음속 깊은 부끄러움이 밀려왔고, 저는 그저 조용히 눈물만 흘릴 뿐이었습니다. 그때, 하나님의 강한 회개의 영이 저를 사로잡았습니다. 눈물은 멈출 줄 몰랐고, 마음 깊은 곳에서 애통한 감정이 솟구쳤습니다. 그리고 마치 영화 필름이 펼쳐지듯, 제 앞에 한 장면, 한 장면이 떠오르기 시작했습니다. 과거의 죄들이 하나하나 선명하게 드러났습니다. 놀랍게도, 목회자가 되기 전의 죄들은 보이지 않았습니다. 오직 목회를 하며 주님의 이름으로 살아가면서 지었던 죄들만이 필름 속에 나타났습니다.

기도해야 할 때 기도하지 않았던 것
전도해야 할 때 전도하지 않았던 것

성도를 더 사랑해야 했는데, 사랑하지 못했던 것

하나님께서 저의 삶을 돌아보게 하셨고, 저는 무너져 내렸습니다.

"하나님, 저는 이런 것들이 죄인지도 몰랐습니다. 용서해 주세요!"

눈물과 콧물이 범벅이 된 채, 저는 엎드려 대성통곡하며 회개기도를 드렸습니다.

사랑하지 못한 죄

용서하지 못한 죄

하나님의 뜻대로 살지 못한 죄

하나하나 뚜렷하게 보였고, 하나님 앞에 토해내듯 회개했습니다.

회개의 영이 부어지자, 저는 두세 시간 동안 엎드려 울며 기도했습니다. 기도가 끝난 후 눈을 떴을 때, 제 모습은 엉망이 되어 있었습니다. 머리는 샴푸한 것처럼 흐트러졌고, 눈물과 콧물로 얼굴은 젖어 있었으며, 거실 바닥에는 흘린 눈물이 고여 있었습니다.

그날 저는 분명히 깨달았습니다.

하나님은 나를 더욱 깨끗한 도구로 사용하시기 위해, 내 안의 죄를 깨닫게 하셨다. 회개하지 않은 죄들을 떠올리게 하시고, 철저히 회개하도록 이끄신 하나님께 감사드렸습니다. 그날 이후 저는 하나님의 용서하심과 회개의 은혜를 더욱 깊이 경험하며 살아가게 되었습니다.

하나님 앞에서 우리는 모두 회개해야 합니다.

하나님은 우리를 깨끗한 그릇으로 사용하기를 원하십니다. 하지만 우리가 회개하지 않으면, 하나님의 뜻을 온전히 이룰 수 없습니다.

많은 사람들이 "나는 죄를 짓지 않았다"고 생각할 수 있습니다.

하지만 하나님께서 보시기에는

기도하지 않은 것도 죄입니다.
전도하지 않은 것도 죄입니다.
사랑하지 않은 것도 죄입니다.
용서하지 않은 것도 죄입니다.

하나님은 우리의 삶을 돌아보게 하시고, 회개의 영을 부어주십니다.

오늘 여러분도 하나님 앞에서 자신의 삶을 돌아보며, 진정한 회개의 기도를 드리시길 바랍니다.

"너희 죄가 주홍 같을지라도 눈과 같이 희게 될 것이요."(이사야 1:18).

하나님의 용서를 경험하고, 깨끗한 그릇으로 쓰임 받는 은혜가 여러분에게도 있기를 축복합니다.

4. 예수님과 춤을 췄습니다

"그가 나를 인도하여 기쁨의 자리로 나아가게 하시며 우리를 향하여 사랑의 노래를 부르시리로다"(스바냐 3:17).

어느 날, 침대에 누워 자고 있다가 문득 잠에서 깨어났지만, 눈은 뜨지 않은 상태였습니다. 그 순간, 영안이 열리며 예수님께서 공중에서 저희 안방으로 들어오시는 모습이 보였습니다. 예수님께서는 제 팔을 붙잡고, 누워 있던 저를 부드럽게 일으키셨습니다. 저는 주님의 손을 잡고, 그분이 이끄시는 대로 따라 나섰습니다. 어딘가에 도착해 보니, 그곳은 웅장하고도 아름다운 무도회장이었습니다. 마치 영화에서 보던 환상적인 장면처럼 화려하면서도 신비로운 공간이었고, 그 안에서는 감미롭고 영적인 찬양 같은 음악이 흘러나오고 있었습니다.

음악이 울려 퍼지자, 예수님께서는 저의 손을 맞잡으시고 춤을 추기 시작하셨습니다. 저는 주님의 인도하심에 온전히 몸을 맡긴 채, 주님과 함께 우아한 춤을 추었습니다. 그 순간, 저는 주님과 함께 기쁨과 평안 속에 깊이 잠겼습니다. 그렇게 예수님과 손을 맞잡고 춤을 추다가 잠에서 깨어났을 때, 제 마음은 형언할 수 없는 기쁨으로 가득 차 있었습니다. 너무나도 생생하고 깊이 있는 체험이었기에, 깨어난 후에도 그 감동은 쉽사리 사라지지 않았습니다.

우리가 성령의 기름 부으심과 하나님의 임재 속으로 깊이 들어가게 되면, 주님께서는 이러한 신비롭고도 영적인 체험을 허락하시며, 다양한 은혜를 주십니다.

하나님께서 지금도 우리 가운데 역사하시며, 기적과 사랑을 베풀어 주심에 진심으로 감사드립니다.

5. 내가 너에게 평생 새 옷을 입혀주리라

"그러므로 염려하여 이르기를 무엇을 먹을까, 무엇을 마실까, 무엇을 입을까 하지 말라. 이는 다 이방인들이 구하는 것이라. 너희 하늘 아버지께서 이 모든 것이 너희에게 있어야 할 줄을 아시느니라. 그런즉 너희는 먼저 그의 나라와 그의 의를 구하라. 그리하면 이 모든 것을 너희에게 더하시리라."(마태복음 6:31~33).

기도하는데 주님께서 말씀하셨습니다.

"너희 부부는 봄부터 전국을 다니며 교회 부흥회를 나가리라."

솔직히 우리 부부는 그 말씀이 믿어지지 않았습니다. 헛웃음만 나올 뿐이었습니다. 창세기에 보면, 천사가 아브라함에게 사라가 아기를 가질 것이라고 전했을 때, 사라가 농담처럼 여기고 웃었던 일이 있습니다. 그 심정이 이해되었습니다.

우리는 나름대로 주님의 길을 열심히 걸어왔지만, 당시 우리의 모습은 누구의 주목도 받지 못하는 연약한 그릇이었습니다. 성령께서 우리에게 기름을 부어주셨지만, 그 사실을 알아줄 사람이 과연 있을까 싶었습니다. 목사님은 그때까지 우리가 섬기는 교회 외에는 한 번도 마이크를 잡아본 적이 없었습니다. 소속 노회에서도 대표 기도조차 해본 적이 없으니, 부흥 집회에 초청받는다는 것은 현실적으로 믿기 어려운 일이었습니다.

> "이는 내 생각이 너희의 생각과 다르며, 내 길은 너희의 길과 다름이니라. 여호와의 말씀이니라. 이는 하늘이 땅보다 높음같이, 내 길은 너희의 길보다 높으며, 내 생각은 너희의 생각보다 높으니라."(이사야 55:8~9).

하나님의 생각은 우리의 생각과 차원이 다릅니다.

기도하는 이유는 하나님을 의지하기 위해서입니다. 하나님을 의지할 때, 그분은 자신의 방법으로 길을 내시고 역사하십니다.

어느 날, 기독교 신문 기자가 우리 교회에 일어나는 성령의 역사를 취재하러 왔습니다. 그리고 그 기사가 신문 전면에 실렸습니다. 그 신문을 본 전국의 목사님들이 부흥회를 인도해 달라는 요청을 하기 시작했습니다. 시간이 지날수록 요청은 쇄도했고, 1년 일정을 꽉 채울 정도가 되었습니다. 어떤 주간에는 한 주에 세 곳에서 집회를 인도해야 할 때도 있었습니다. 그때부터 우리 부부는 전국을 돌며 본격적으로 부흥회 사역을 시작했습니다.

부흥회를 나가기 전, 주님께서는 꿈을 통해 특별한 은혜를 베푸셨습니다. 꿈에 예수님께서 안방 문을 열고 들어오셨고, 침대 옆에 있는 제 옷장 문을 여셨습니다. 예수님은 옷장에서 새 정장 한 벌을 꺼내시며, 옷걸이를 흔들어 보여주셨습니다.

"주님, 제 옷장에서 왜 옷을 꺼내세요?"
"앞으로 내가 너에게 평생 새 옷을 입혀주려 한다."
"주님, 저에게 영적인 새 옷을 입혀주세요."
그렇게 대답하며 꿈에서 깨어났습니다.

당시 저는 개척교회 사모로서 외출복 하나 변변히 갖추지 못한 채 살고 있었습니다. 지금도 개척교회 사모님들 가운데 외출복이 없는 분들이 많을 것입니다. 그때 저도 그랬습니다. 하지만 부흥 집회를 인도하려면 정장이 필요했습니다. 그래서 교회 집사님과 함께 동대문 쇼핑몰에 갔습니다.

여성복 매장에서 강사복으로 입을 만한 정장을 고르고 있었는데, 많은 옷을 입었다 벗었다 하며 고민하는 저희 모습을 매장 여사장님이 유심히 지켜보다가 물었습니다.

"도대체 뭐 하시는 사모세요?"
함께 간 집사님이 말했습니다.
"저희 길교회 사모님이세요. 앞으로 부흥 집회에 나가셔야 해서 필요한 옷을 고르고 있어요."

그 말을 듣는 순간, 여사장님에게 성령의 감동이 임했습니다. 그분은 교인 수를 묻더니 말했습니다.

"저희는 옷을 팔기도 하지만, 숙녀복 공장도 함께 운영하며 유행에 맞는 옷을 직접 제작합니다. 그런데 계절이 바뀔 때마다 재고가 많이 남아요. 그 남은 옷들을 교회에 기증하고 싶은데 받아주시겠어요?"

기꺼이 감사한 마음으로 연락처를 드리고 돌아왔습니다. 며칠 후, 여사장님으로부터 옷을 가지러 오라는 연락이 왔습니다. 목사님은 기쁜 마음으로 직접 운전해 함께 동대문으로 갔습니다. 그런데 옷이 너무 많아 트렁크와 뒷좌석에 가득 실어도 다 싣지 못했습니다.

"아직도 재고가 많은데, 혹시 승합차는 없으세요?"

왜 없겠습니까. 없으면 사서라도 가야 했습니다. 며칠 후, 12인승 승합차를 빌려 다시 동대문으로 가서 새 옷을 한가득 싣고 왔습니다. 그날 이후, 저는 평생 새 옷을 입게 되었습니다.

여사장님은 15년 동안, 계절이 바뀔 때마다 새 옷을 쏟아질 만큼 교회에 보내주셨습니다. 그 덕분에 우리 교회 성도들도 함께 그 복을 나눌 수 있었습니다. 한 여자 집사님은 옷을 받으러 갔다가 이런 이야기를 전해주었습니다.

"여사장님이 주변 가게 사장들에게 '길교회에 옷을 기증하면 복 받아요!'라고 하시면서 옷을 나눠주시더라고요."

실제로 그 매장은 매출이 급상승했고, 해외 수출까지 진행하는 기업으로 성장했습니다.

한 번은 사택 이사를 하던 중, 이삿짐 사장님이 깜짝 놀라며 말했습니다.

"제가 15년 동안 이삿짐을 날랐는데, 이렇게 옷이 많은 분은 처음입니다. 도대체 뭐 하시는 분이세요? 연예인이세요?"

하나님께서는 저를 하늘나라의 연예인처럼 새 옷을 마음껏 입을 수 있도록 복을 주셨습니다. 2005년부터 15년 동안, 동대문 쇼핑몰 여사장님은 계절마다 수백 벌에 달하는 새 옷을 우리 교회에 기증해 주셨습니다. 믿지 않는 사장님의 마음을 감동시키신 분도 하나님이셨습니다. 그 은혜로 저는 사시사철 새 옷을 입게 되었고, 교회 성도들도 여러 벌씩 새 옷을 나눠 입게 되었습니다. 심지어는 전도용으로 사용하거나, 필리핀 선교지로 보내기도 했습니다. 그 여사장님은 말했습니다.

"길교회에 옷을 기증한 후로, 저희 사업이 정말 잘됐어요!"

만물의 주관자이신 하나님께서 입혀주시니, 저는 언제나 새 옷을 입습니다.

6. 채찍에 맞으신 주님의 환상을 보고 시작된 치유사역

"그가 찔림은 우리의 허물 때문이요, 그가 상함은 우리의 죄악 때문이라. 그가 징계를 받으므로 우리는 평화를 누리고, 그가 채찍에 맞으므로 우리는 나음을 받았도다"(이사야 53:5).

어느 날, 성전에서 철야기도를 하던 중 하나님께서 환상을 보여주셨습니다.

예수님께서 채찍에 맞고 십자가에 달리신 처절한 모습으로 강대상 앞에 서 계셨습니다. 그런데 환상 속에서 강대상에는 실제와 달리 하얀 문이 하나 있었습니다. 예수님께서는 그 하얀 문 앞에서 고개를 떨군 채 서 계셨습니다. 그 모습을 바라보며 저는 기도 중에 여쭈었습니다.

"주님, 왜 우리 강단에 오셔서 그런 모습으로 서 계십니까?"
그때 주님께서 제 마음에 말씀하셨습니다.

"내가 이렇게 채찍에 맞으므로 너희가 나음을 얻었다."

그 순간부터 저는 아픈 성도들을 위해 기도할 때마다 이 말씀을 붙잡고 기도하기 시작했습니다.

"주님께서 채찍에 맞으셨으므로 이 성도는 나음을 얻습니다."

그리고 더욱 간절한 마음으로 기도했습니다.

"예수님의 보혈밖에 없습니다. 주님의 피에 깊이 잠기게 하소서. 예수님의 권능으로 이 아픈 곳을 치료하여 주옵소서."

그렇게 기도할 때마다, 주님께서는 많은 성도들을 치유하시고 회복시키는 은혜를 부어주셨습니다.

이 사역을 통해 저는 다시 한번 깨닫게 되었습니다.

예수님께서 채찍에 맞으신 이유, 그분이 피 흘리신 이유는 바로 우리가 치유 받고 회복되기 위함이라는 사실입니다.

수원에 사시는 한 여자 집사님이 우리 교회를 방문한 적이 있었습니다. 그녀는 몸이 아픈 상태였는데 20대 시절 큰 가정사로 인해 깊은 상처를 입었고, 그 고통이 50대가 된 지금까지도 계속되어 하루 24시간 내내 마음이 아프다고 했습니다. 때때로 좋은 생각이 들기도 하지만 대부분 고통스러운 감정이 지속되어, 도저히 삶을 이어갈 수 없을 만큼 힘들다고 하셨습니다. 그녀는 어느 교회를 통해 전도를 받아 예수님을 믿게 되었는데, 그곳이 이단 교회였습니다. 초신자였던 그녀는 이를 알지 못한 채 출석했고, 어느 날 교회의 부목사가 안수기도를 해주겠다며 머리에 손을 얹었습니다. 그 순간, 그녀의 눈앞에 검은 형체가 나타났고, 기도가 이어지는 동안 그 형체가 얼굴 속으로 쑥 들어오는 것을 직감했다고 했습니다. 그 이후로 그녀는 24시간 내내 마음의 고통에 시달렸고, 늘 괴로운 생각으로 힘든 시간을 보냈습니다.

기도를 받고 싶은 마음은 간절했지만, 다른 교회를 찾아가려 하면 어딘가에 붙잡힌 듯 몸이 움직이지 않았습니다. 그러던 중 저에게 전화를 주셨고, 저는 전화로 기도해드렸습니다. 기도 후 묶였던 영적인 사슬이 끊어지면서 그녀는 마침내 주일 오후 예배에 참석할 수 있었습니다.

6년 전 중풍을 앓은 그녀는 이후 영적으로 깨어 있는 교회를 찾아 여러 곳을 다녔지만, 은혜가 있는 교회를 만나지 못해 방황하고 있었습니다. 그러던 중 유튜브를 통해 우리 교회 영상을 보고 직접 방문하게 된 것입니다.

하나님께서는 철야기도를 통해 이처럼 준비된 영혼들을 만나게 하셨고, 신유의 은사를 통해 그들을 깨끗하게 치유하셨습니다. 또 다른 성도님은 기도 상담을 받은 후 감사의 메시지를 보내주셨습니다.

"사모님, 안녕하세요. 기도해 주셔서 너무 감사합니다. 바로 연락드리지 못해 죄송합니다. 이제는 저도 많이 좋아졌고, 함께 기도 받은 아들도 많이 나아져 지금은 정신과 약도 먹지 않고 있습니다. 주님이 함께하심을 믿으며 감사드립니다. 다시 한 번 정말 감사드립니다."

지방에서 오신 또 다른 분도 문자를 보내주셨습니다.

"코로나 후유증으로 온몸이 종합병원처럼 아팠고, 숨 쉬기도 힘들어 바깥출입을 꺼렸습니다. 그런데 기도를 받은 후 숨 쉬는 것이 편해지고 몸도 많이 좋아졌습니다. 하나님께 영광을 돌립니다. 바쁘고 힘드실 텐데 기도 상담해 주셔서 감사합니다. 서울에 아는 사람이 있으면 마포 길교회를 꼭 추천하겠습니다. 목사님과 사모님을 위해 틈틈이 기도하겠습니다. 감사합니다."

광주의 한 교회에서 부흥회를 인도하던 중, 한 자매를 만났습니다. 화요일부터 목요일까지 3일간 집회를 진행하는 동안, 그녀는 어머니와 함께 예배에 참석했습니다.

많은 분들에게 안수기도를 하다 보니 기력이 없던 그녀를 자세히 살펴볼 여력이 없었고, 짧게 안수기도만 드렸습니다. 그날 저녁 집회에서도 그녀는 어머니에게 기대어 힘없이 앉아 있었고, 간단히 안수기도만 하고 지나갔습니다. 다음 날 오후 2시 안수기도 시간 그녀는 다시 앞자리에 앉아 있었습니다. 어제보다 상태가 나아 보였기에 저는 기도한 후 물었습니다.

"자매님은 어디가 아픈가요?"
어머니께서 대신 말씀하셨습니다.
"딸은 서울에서 자취하며 직장생활을 했습니다. 그런데 혼자 지내는 것이 너무 외롭고 힘들었나 봅니다. 저는 그것도 모르고 있었는데, 얼마 전 제주도에 가서 자살을 시도했습니다. 다행히 죽기 전 경찰서에 전화를 해 구조 요청을 했고, 경찰이 발견하여 돌아올 수 있었습니다."

그녀는 성장 과정에서 입은 상처로 인해 귀신과 대화하며 정신적으로 매우 불안한 상태였습니다. 저는 믿음으로 그녀에게 손을 얹고 기도했습니다.

"이 딸 속에서 역사하는 더러운 영아, 예수의 이름으로 명하노니 떠나갈지어다!"

기도 받기 전에는 어머니에게 기대어 힘없이 앉아 있었던 그녀였지만, 기도를 받을수록 점점 자세가 바로잡히고, 무릎을 꿇고 바른 자세로 기도하게 되었습니다.

부흥회 셋째 날, 그녀는 낮과 저녁 예배 모두 참석했습니다. 마지막 날 저녁 집회에서 그녀의 모습은 완전히 달라져 있었습니다. 밝은 얼굴로 앉아 있었고, 제가 말을 걸자 건강한 모습으로 정상적으로 대화를 나누었습니다.

하나님께서 그녀를 귀신의 억압에서 완전히 놓아주신 것입니다. 주님의 사랑과 은혜에 날마다 감사드리며, 많은 성도들이 코로나로 인해 무너졌던 신앙을 다시 회복하길 간절히 기도하고 있습니다.

살아 계신 하나님께서 이 땅의 영혼들을 치유하시고 회복시키실 줄 믿습니다.

하나님은 여러분의 하나님이 되십니다.

그분께 나아가 구하십시오.

그러면 하나님께서 참된 위로를 주시고, 넘을 수 없을 것 같은 어려움을 이겨낼 힘과 평안을 허락하실 것입니다.

7. 물 같은 성령님의 은혜

"강 좌우 가에는 각종 먹을 과실나무가 자라서 그 잎이 시들지 아니하며, 열매가 끊이지 아니하고 달마다 새 열매를 맺으리니 그 물이 성소를 통하여 나옴이라. 그 열매는 먹을 만하고 그 잎사귀는 약재료가 되리라"(에스겔 47:12).

저는 39살 때 우울증에 걸려 모든 목회 사역을 내려놓고, 빌라에서 1년 동안 예배드리며 기도에만 전념했습니다. 그때 저는 불같은 성령님, 바람 같은 성령님, 그리고 물 같은 성령님을 깊이 체험하게 되었습니다.

저는 그때나 지금이나 저녁 식사 후에는 성전에 가서 기도하는 습관이 몸에 배어 있습니다. 29살 때부터 기도를 시작했으니, 이제 60살이 된 지금까지 30년 동안 매일 저녁 하나님 앞에 나아가 기도생활을 해오고 있습니다.

최근에도 혼자 일찍 성전에 가 기도하던 중, 바람 같은 성령님의 임재를 체험했습니다. 아무도 없는 빌라의 거실에서 기도하는데, "휙휙" 하는 바람 소리가 귀에 들려왔습니다. 혹시 누가 문을 열어놓았나 싶어 확인했지만, 모든 문은 굳게 닫혀 있었습니다. 다시 기도하려 눈을 감았지만, 바람 소리는 계속 들렸습니다. 베란다 창문이 열려 있는지 확인했지만, 창문 역시 모두 닫혀 있었습니다. 다시 기도의 자리로 돌아와 들려오는 바람 소리와 몸에 와닿는 기운을 느끼며 '바람처럼 임하시는 성령님이 오늘 나를 찾아오셨구나!' 하고 깨달았습니다. 그 순간, 마음에는 주님의 은혜와 평강이 가득 차올랐습니다.

한 번은 방언으로 기도하는 중, 갑자기 왼쪽 귀에서 "콸콸콸" 하는 물소리가 들려왔습니다. 조용히 흐르는 물소리가 아닌, 수도꼭지를 최고로 틀어놓은 듯한 강한 소리였습니다. '누가 물을 틀어놨나?' 싶어 눈을 떴지만, 거실에는 아무도 없었고 수도꼭지도 잠겨 있었습니다. 이상하다 싶어 다시 눈을 감고 기도하자, 다시 귀에서 물소리가 들렸고, 그 순간 환상이 열렸습니다. 눈을 감고 있었지만, 눈앞에는 싱크대가 선명하게 보였습니다. 그곳에서 물이 틀어져 있었고, 물이 점점 차오르더니 결국 거실 바닥으로 흘러넘쳤습니다. 계속해서 물이 불어나 어느새 제 머리 위까지 가득 찼고, 수영을 못하는 저는 순간 두려운 마음에 눈을 떴습니다.

그곳에서 1년 동안 기도하며 불같은 성령님, 바람 같은 성령님, 비둘기 같은 성령님을 경험했고, 말씀으로 찾아오신 성령님의 인도하심 속에서 깊은 영적인 훈련을 받았습니다.

그해 1월 1일부터 12월 31일까지 정확히 1년 동안 가정집 거실에서 예배를 드렸고, 성령의 불을 받은 후 우울증은 완전히 치유되었습니다다. 그때부터는 기도할 때 성령의 은사가 열려 환상이 보이고, 방언을 하면 예언이 따라오는 체험이 시작되었습니다. 소문을 듣고 아픈 사람들이 빌라로 찾아오기 시작했고, 목사님들도 교회 성도들을 데리고 와서 기도를 받게 했습니다. 점점 기도를 받으러 오는 사람들이 많아졌습니다. 처음 예배드릴 때는 9명이 모였지만, 1년이 되었을 때는 34평 빌라에 50명이 모여 예배드리게 되었습니다. 주일에는 앉을 자리가 없어 방 세 칸을 활용해 아이들은 방에서 따로 예배를 드렸습니다. 간판도 없는 교회였지만, 입소문만으로 전도가 되고 부흥이 일어났습니다. 그해 12월 초, 기도 중 주님께서 제게 말씀하셨습니다.

"이제 밖으로 나가 상가를 얻어 교회를 개척해라."

마침 한 성도님이 이사를 해야 해서 함께 부동산을 방문하게 되었습니다. 부동산에서 상담을 받던 중, 유리창에 붙은 A4 용지 하나가 눈에 들어왔습니다.

'지하 60평 공장 임대'라는 문구가 적혀 있었지만, 전화번호도 주소도 없었습니다.

개척교회를 하다 보면 천 원 한 장도 아껴야 할 때가 많습니다. 부동산을 통해 확인하면 중개수수료를 내야 했기에, 저는 주님께 직접 여쭈었습니다.

"하나님, 이곳이 어디입니까?"

그 순간, 하나님께서 그 60평 건물을 환상으로 보여주셨습니다. 그날 밤, 저는 남편 목사님께 이 이야기를 전했습니다.

"여보, 하나님께서 정확히 그곳을 저에게 보여주셨어요."

남편은 당장 가보자고 했고, 밤 10시에 함께 그 장소를 찾아갔습니다. 예배당에는 여자 목사님 한 분과 성도 한 분이 계셨습니다.

"목사님, 혹시 여기를 임대로 내놓으셨습니까?"

"네, 6개월 동안 교회로는 임대가 나가지 않아 집주인이 공장으로 바꾸라고 해서 그렇게 내놓았습니다."

그 순간, 하나님께서 보여주신 곳이 바로 이곳임을 확신했습니다. 더욱 놀라운 것은, 목사님께서 간판, 의자, 예배에 필요한 모든 성물들을 500만 원에 그대로 두고 가겠다고 하신 것이었습니다. 우리는 성도들과 함께 곧바로 들어가 예배를 드릴 수 있었습니다.

여호와 이레! 하나님께서 모든 것을 예비하셨습니다.

우리는 기쁨으로 계약했고, 빌라에서 예배드리던 성도들과 함께 60평 성전으로 이전했습니다. 이후 하나님께서는 계속해서 새 가족들을 보내주셨고, 예배당은 시간이 흐를수록 가득 차기 시작했습니다.

6년 후, 하나님께서는 저에게 또 다른 꿈을 보여주셨습니다. 화곡동 지역에 홍수가 나고, 저는 성도들과 함께 지붕 위로 올라갔습니다. 저는 한쪽을 가리키며 "저쪽으로 가야 해요!"라고 말한 뒤, 물속으로 뛰어들었습니다. 실제로 수영을 못하지만, 꿈속에서는 헤엄을 치고 있었습니다. 성도들도 저를 따라 함께 헤엄치기 시작했습니다.

이 꿈을 통해 저는 하나님께서 더 큰 성전으로 나아가라는 말씀을 주셨다고 확신하게 되었습니다. 이후 상가를 알아보던 중, 200평짜리 건물 두 곳이 눈에 들어왔습니다. 사람의 생각으로는 대로변에 있는 건물이 더 좋아 보였지만, 기도 중 감동은 다른 쪽이었습니다. 하나님의 인도하심에 따라 유통상가 쪽 건물을 계약했습니다. 나중에 보니, 그곳은 넓은 무료 공영주차장이 앞에 있어 성도들이 마음껏 기도하고 예배드릴 수 있는 최적의 장소였습니다. 그 후 하나님께서는 계속해서 확장해 가셨고, 결국 마포에 500평 성전을 건축하여 지금까지 사용하고 있습니다.

 물 같은 성령님의 은혜가 임하면 우리의 환경이 넓어지고, 삶이 확장됩니다.

 하나님께서 주시는 은혜는 한없이 크고 놀랍습니다.

8. 선포하는 기도의 능력

"내가 진실로 너희에게 이르노니 누구든지 이 산더러 들려 바다에 던져지라 하며 그 말하는 것이 이루어질 줄 믿고 마음에 의심하지 아니하면 그대로 되리라. 그러므로 내가 너희에게 말하노니 무엇이든지 기도하고 구하는 것은 받은 줄로 믿으라. 그리하면 너희에게 그대로 되리라"(마가복음 11:23-24).

성도 중에는 집안에 가난의 영이 흐르는 분들이 있습니다. 믿음 생활을 하다 보면 하나님께서 훈련과 연단을 통해 우리의 신앙을 단련시키시기도 합니다. 때로는 사업이 어려움을 겪거나, 물질적으로 손실을 볼 수도 있습니다. 이러한 연단 속에서 힘든 시간을 보내기도 하지만, 유독 사업이 계속 실패하거나 카드 빚에 시달리는 경우는 단순한 시련이 아닌 가난의 영이 흐르고 있기 때문일 수 있습니다. 만약 자신의 삶을 돌아보며 '우리 집안에는 가난의 영이 흐르는 것 같다'는 생각이 든다면, 강력하게 선포해야 합니다.

"예수 그리스도의 이름으로 우리 가계와 가정에 흐르는 가난의 영들은 떠나갈지어다! 예수의 이름으로 끊어질지어다!"

단순히 "가난의 영이 떠나가게 해 주세요"라고 기도하는 것이 아니라, 강한 믿음으로 선포 기도를 해야 합니다.

"예수의 이름으로 가난의 영이 떠나갈지어다! 가난의 저주가 끊어질지어다! 질병으로 고통받는 분들도 예수의 이름으로 질병의 저주가 떠나갈지어다!"

세게 외치며 기도하세요!

저 또한 몸이 아플 때마다 예수의 피를 뿌리고 바릅니다.

한때 저는 온갖 병을 달고 사는 사람이었지만, 지금은 예수의 피를 의지하니 하나님께서 저를 치유해 주셨습니다. 몸이 아픈 분들은 예수의 보혈을 의지하며 기도하세요. 예수의 피에는 능력이 있으며, 모든 질병을 치료하시는 하나님의 역사가 있습니다.

질병, 가난, 삶의 여러 문제들은 사실 사탄과 악한 영들의 역사입니다. 이러한 것들이 지속적으로 우리의 삶에 영향을 미친다면, 철야기도를 하면서라도 강력하게 부르짖어야 합니다.

"내 삶에 이런 질병의 저주는 예수의 이름으로 끊어질지어다!"

선포하며 외치세요!

우리 삶에는 얽힌 문제들이 많지만, 예수의 이름으로 선포하며 기도할 때 모든 문제의 해결이 임할 것입니다.

"자녀들의 문제와 방황하는 영혼들의 불신의 영들은 예수의 이름으로 끊어질지어다!"

세게 외치며 기도하세요!

모든 문제를 해결하시는 하나님께서 역사하시고, 응답하실 것을 확신하세요.

우리는 전지전능하신 하나님을 믿습니다.

천지를 창조하시고, 무소부재하신 하나님께서 지금도 살아 계십니다.

우리가 하나님을 진심으로 믿을 때, 그 믿음을 통해 하나님께서 역사하십니다.

하지만 믿음이 없으면, 하나님께서 무엇을 보시고 역사하시겠습니까?

현재 어려운 상황에 있더라도 잘될 것을 믿으면, 하나님께서 그 믿음을 보시고 반드시 역사하십니다.

저는 중학교 때 퇴학을 당하고, 50만 원에 8만 원짜리 지하 단칸방에서 여덟 식구가 함께 살았습니다. 몸을 붙이고 자야 했고, 여름에도 선풍기가 있었는지조차 기억이 나지 않습니다. 우리 오빠는 사업에 실패하여 조카 둘을 데리고 우리 집으로 들어왔습니다. 네 식구에서 여덟 식구가 되니, 삶이 얼마나 힘들었겠습니까? 엄마와 저는 제대로 잠도 자지 못했고, 여름에는 옥상에 돗자리를 깔고 하늘의 별을 보며 잠을 청하기도 했습니다. 그 시기가 제 고등학교 시절이었습니다. 그러나 하나님께서는 그 어려운 상황 속에서 저를 훈련하고 연단하셨습니다. 그리고 준비가 되었을 때, 하나님께서는 복을 주셨고, 이제는 나누고 베풀 수 있는 삶으로 인도하셨습니다.

사랑하는 성도 여러분,

도전받고, 선포하는 기도를 하나님께 올려드릴 때

놀라운 역사가 임합니다.

9. 용과 같은 사탄의 존재

"주 여호와의 영이 내게 내리셨으니 이는 여호와께서 내게 기름을 부으사 가난한 자에게 아름다운 소식을 전하게 하려 하심이라. 나를 보내사 마음이 상한 자를 고치며 포로된 자에게 자유를, 갇힌 자에게 놓임을 선포하며"(이사야 61:1).

이사야서 61장 1절 말씀을 떠올릴 때마다 기억나는 성도님 한 분이 있습니다.

어느 평일 낮, 몇몇 집사님들과 함께 둥글게 앉아 구역 예배를 드리고 있었습니다. 그날은 특별히 한 집사님의 초등학교 시절 가장 친했던 친구분이 예배에 참석하셨습니다. 그런데 그분은 예배가 끝나자마자 "안녕히 계세요." 하고 인사한 뒤 곧바로 자리를 떠나셨습니다. 어디에 사시는지, 이름이 무엇인지조차 알지 못했지만, 저는 하나님께 기도드렸습니다.

"하나님, 이분은 예배만 드리고 바로 가셨는데, 오늘 왜 여기 오게 하신 걸까요?"

그때 하나님께서 저에게 환상을 보여주셨습니다. 공중에서 거대한 용이 오르락내리락하는 모습이었습니다. 저는 직감적으로 깨달았습니다.

"아, 이분은 지금 용과 같은 사탄의 역사 가운데 있구나."

저는 곧바로 함께 예배드렸던 집사님께 말했습니다.

"집사님, 아까 친구분을 위해 기도하는데 하늘에서 용이 오르락내리락하는 환상을 보았어요."

그러자 집사님은 의아한 듯 대답하셨습니다.

"사모님, 그 친구는 학교 선생님이에요. 경제적으로도 부족함이 없고, 남편은 대기업 과장이고 정말 잘 살고 있어요. 제 기준에서는 평안하고 건강하고 아무런 문제가 없어 보이는데요."

그러나 제 마음속에는 강한 확신이 있었습니다.

'하나님께서 왜 이 환상을 보여주셨을까? 아마도 친구분에게 이 사실을 전하라는 뜻이 아닐까?'

그래서 집사님께 부탁드렸습니다.

"친구분에게 전화해서 이렇게 물어보세요.

'우리 교회 사모님이 너를 위해 기도했는데, 용을 봤대. 혹시 무슨 일 있는 거 아니야?'라고요."

얼마 후 집사님께 전화가 왔습니다.

"사모님, 제 친구가 사모님을 만나고 싶대요."

그렇게 해서 친구분을 직접 만나게 되었습니다. 이야기를 들어보니, 그분은 심각한 정신적 고통을 겪고 있었습니다. 밤마다 이유 없이 불안해서 혼자 밖을 배회하고, 고통이 너무 커서 근처 큰 교회에 들어가 시간을 보내곤 하셨다고 했습니다. 그런데 남편과 시댁 식구들은 정신과 치료를 받아야 한다며 정신병원 입원을 권유하는 상황이었습니다. 그런 와중에 제가 '용'에 대해 이야기하자, 그제야 고민을 털어놓으신 것이었습니다. 저는 조심스럽게 권했습니다.

"제 남편 김상률 목사님께 안수기도를 받아보시면 어떨까요?"
그 후, 우리 목사님께서 직접 찾아가 몇 차례 안수기도를 해주셨습니다. 밤에도 너무 괴로울 때는 전화가 와서 다시 기도해 드리기도 했습니다. 그러자 놀랍게도 몇 번의 기도를 통해 그분의 병이 깨끗이 나았습니다. 그분은 그렇게 치료를 받고 우리 교회에 등록하신 후 신앙생활을 이어가시다가 지금은 사역자의 길을 걷고 계십니다.

이 모든 과정을 지켜보며 저는 깊이 깨달았습니다. 정신적인 고통을 겪는 분들 중에는, 강력한 용과 같은 사탄의 역사 가운데 있는 경우가 많다는 것을 말입니다.

성도 여러분, 혹시 정신적인 고통으로 신음하고 계신 분이 있다면, 용과 같은 사탄의 세력을 대적하는 기도를 드리시기 바랍니다.
믿음의 기도는 포로 된 자에게 자유를 주고, 갇힌 자에게 놓임을 허락할 것입니다.

제4부
치유와 기적의 역사

1. 수십 년간 괴롭힌 뇌전증과 우울증 치유

"내 영혼아 여호와를 송축하며 그의 모든 은택을 잊지 말지어다. 그가 네 모든 죄악을 사하시며 네 모든 병을 고치시며 네 생명을 파멸에서 구속하시고 인자와 긍휼로 관을 씌우시며"(시편 103:2-4).

길교회의 한 여자 성도님의 간증입니다.

그 성도님은 어린 시절부터 예수님을 믿었지만, 가족들은 유교적인 사상을 따랐기에 신앙생활을 함께하지 않았습니다. 그러나 어려서부터 병약했던 그녀는 오직 하나님만이 자신의 유일한 소망이라 여기며 신앙을 이어갔습니다. 20대가 되어도 그녀의 건강은 여전히 좋지 않았고, 특히 뇌전증과 우울증으로 인해 힘든 시간을 보냈습니다. 발작이 일어나면 사람들은 그녀를 귀신 들린 사람으로 오해했고, 병원 치료조차 받지 못한 채 오랫동안 고통 속에 살아야 했습니다. 그녀는 여러 기도원을 다니며 치유를 구했지만 낫지 않았고, 어느 기도원에서는 안찰기도를 받다가 심한 발작을 일으켜 죽을 뻔한 적도 있었습니다. 불면증과 우울증이 심해지면서 결국 자살까지 생각할 만큼 삶이 힘겨웠습니다. 그러던 중, 그녀는 친구 집사님의 인도로 길교회에 오게 되었고, 신앙의 새로운 전환점을 맞이하게 되었습니다.

그녀는 조카들을 무척 아꼈고, 조카들이 대학 입학을 앞두고 있을 때 수능을 위해 겟세마네 작정 기도회를 시작했습니다. 조카들의 구원을 위해 간절히 기도하던 중 마음이 불처럼 뜨거워지는 체험을 했고, 놀랍게도 조카들이 스스로 교회에 나오겠다고 결심하는 일이 일어났습니다. 이 일을 통해 그녀는 기도하면 하나님께서 역사하신다는 확신을 갖게 되었고, 자신의 병도 기도로 치유받을 수 있다는 믿음을 품게 되었습니다. 그리고 2024년도에, 초등학교 때부터 40년 동안 먹어왔던 뇌전증 약과 우울증 약을 처음으로 끊는 기적을 경험하게 되었습니다.

그녀는 겟세마네 작정 기도회에 참여하며 믿음으로 약을 끊겠다는 결단을 내리고 기도하기 시작했습니다. 매일 목사님과 저에게 안수기도를 받으며 더욱 확신을 가지게 되었고, 하루에 두 번 먹던 뇌전증 약을 한 달간 한 번으로 줄였습니다. 그 이후에도 발작이 한 번도 일어나지 않아서 마침내 완전히 약을 끊게 되었습니다. 처음에는 약을 끊으면 심한 발작이 일어날까 두려웠지만, 놀랍게도 어떤 증상도 나타나지 않았습니다. 이후 그녀는 우울증 약도 끊기로 결심했습니다.

2024년 3월 고난주간에 3일간 금식기도를 드리고, 마지막 날 안수기도를 받았을 때 그녀는 머리에서 뭔가 빠져나가는 듯한 강한 체험을 하게 되었습니다. 마치 무거운 것이 사라지고, 바람이 지나가는 듯한 느낌이 들었습니다. 그 이후 그녀는 오랫동안 자신을 괴롭혔던 우울한 감정이 완전히 사라졌고, 마음에 평안과 감사로 가득 차는 것을 경험했습니다.

의사들은 뇌전증이 완치되기 어렵다고 말했으며, 그녀는 오랫동안 한 달에 절반을 주기적으로 발작을 겪어야 했습니다. 하지만 기도 이후 약을 끊었음에도 불구하고 단 한 번의 발작도 일어나지 않았으며, 하나님께서 완전히 치유하셨습니다.

그 성도님은 지금도 감사의 마음으로 신앙생활을 이어가며 집사의 직분도 받았습니다. 그리고 기적을 베푸신 주님께 영광을 돌리고 있습니다. 더 놀라운 것은, 그 성도님의 치유를 통해 그 어머니도 구원을 받게 되셨다는 사실입니다.

80세가 넘으신 그 집사님의 어머니는 평생 절에 다니며 교회를 거부하셨고, 예수님의 이름을 듣는 것조차 싫어하셨습니다. 어느 날은 화를 내시며, 한 번만 더 이야기하면 딸을 교회에 못 나가게 하고 절에 데려가겠다고 호통을 치셨습니다. 여러 차례의 전도에도 마음을 열지 않으셨던 어머니께서, 딸의 기적적인 치유를 목격한 후 조금씩 마음의 문을 열기 시작하셨습니다. 그리고 마침내 교회에 나오시고 예배를 드리시며 예수님을 영접하셨습니다.

지금은 방언의 은사까지 받아 기도에 힘쓰고 계십니다.

할렐루야!

하나님은 기도하는 자의 간구를 들으시며, 그 믿음에 응답하시는 분이십니다.

2. 난소암이 사라졌어요

"여호와께서 그를 병상에서 붙드시고 그가 누워 있을 때마다 그의 병을 고쳐 주시나이다"(시편 41:3).

우리 교회에 한 초신자 성도님이 계셨습니다.

어느 날 그분이 울면서 전화를 하셨습니다. 조카가 고작 고등학교 3학년인데, 난소암 진단을 받고 아산병원에 입원해 수술을 앞두고 있다는 것이었습니다. 처음에는 단순히 배가 아파 산부인과를 찾았고, 약을 먹으면 괜찮아질 거라는 말을 듣고 약만 복용했다고 합니다. 그런데도 통증이 가라앉지 않아 내과로 옮겨 다른 약을 처방받았지만 차도가 없었습니다. 다시 산부인과를 전전하며 진료를 받다가, 결국 큰 병원에서 정밀검사를 받았고 그 결과 난소암이라는 진단을 받은 것입니다. 지방 병원에서는 수술이 어렵다고 판단되어 서울 아산병원으로 이송되었고, 곧 수술을 앞두고 있었습니다. 성도님은 간절한 마음으로 수술 전에 한 번만 조카를 위해 기도해 달라고 부탁하셨습니다. 조카가 예수님을 믿지 않는다고 했지만, 성도님의 애타는 마음을 외면할 수 없어 교회 집사님과 함께 아산병원으로 향했습니다.

병실에 들어가기 전에 잠시 화장실에 들렀는데, 누군가 벽을 보고 흐느껴 울고 있었습니다. 가족 중 누군가가 몹시 아프거나 절망적인 소식을 들은 게 분명하다는 직감이 들 만큼, 절절한 슬픔이 묻어나는 울음이었습니다. 병실에 들어가 보니, 침대에 누워 있는 혜진이라는 조카가 보였습니다. 그리고 깜짝 놀랐습니다. 아까 화장실에서 통곡하던 분이 바로 혜진이의 어머니였던 것입니다. 그분의 울음이 이해되었습니다. 혜진이에게 복음을 전해야 했기에 어머님과 인사를 나누고는, 부모님과 성도님께 혜진이와 일대일로 기도하고 싶다고 말씀드렸습니다. 세 분은 잠시 병실 밖에서 기다려 주셨습니다.

혜진이와 대화를 나눠 보니, 그 집안은 예수님을 믿지 않는 가정이었습니다. 하지만 초등학교 때 친구를 따라 교회에 한 번 가본 적이 있다고 했습니다. 저는 혜진이에게 말했습니다.

"내가 여기에 온 것은 네가 아파서야. 기도를 해줄 텐데, 기도한다고 병이 나을지 안 나을지는 나도 몰라. 하지만 성령 하나님께서 역사하셔야 해."

그리고 성경에 나오는 치유의 말씀을 전하며, 하나님께서 행하신 폐암, 갑상샘암 치유의 간증을 들려주었습니다. 하지만 하나님께서 단순히 병만 고쳐 주시기를 원하시는 것이 아니라, 무엇보다도 한 영혼이 구원받기를 원하신다는 사실도 함께 전했습니다.

"인간은 죄인이기 때문에 스스로를 구원할 수 없어. 그런데 하나님께서 오늘 이 시간을 통해 너를 만나게 하셨고, 복음을 듣게 하셨잖

아. 그래서 치유기도를 받기 전에 예수님을 영접하는 기도를 하면 좋겠어."

혜진이는 조용히 고개를 끄덕이며 대답했습니다.

"영접 기도할게요."

그렇게 혜진이는 성경 위에 손을 얹고 저와 함께 영접 기도를 드렸습니다. 그리고 저는 그의 배 위에 손을 올리고 방언으로 기도하기 시작했습니다. 병실이 6인실이라 다른 환자들에게 방해가 될까 조용한 목소리로 기도했지만, 손을 올리고 기도하는 동안 제 손에서 불처럼 뜨거운 기운이 흘러 들어가는 것이 느껴졌습니다. 저는 조심스럽게 물었습니다.

"혜진아, 혹시 너도 뭔가 느껴지니?"

그러자 혜진이는 놀란 표정으로 대답했습니다.

"네! 제 자궁 속으로 뜨거운 불이 들어오는 게 느껴져요!"

저는 확신했습니다. 하나님께서 혜진이를 사랑하셔서 지금 치유하고 계신다는 것이 믿어졌습니다.

기도를 마친 후 복도로 나가 가족들을 다시 병실로 들어오게 했습니다. 그 순간 저도 모르게 부모님과 성도님께 단호하게 말했습니다.

"제가 기도하는 동안 하나님께서 혜진이를 고치신 것 같습니다. 내일 아침 수술하기 전에 꼭 CT나 MRI를 다시 찍어보세요. 암이 정말 있는지 확인하고 수술을 결정해야 합니다."

부모님은 당황했지만, 결국 의사에게 요청하기로 결정하셨습니다. 그때 병실에 있던 다른 환자들과 간병인들이 저를 이상한 눈빛으로 바라보았습니다.

'난소암 수술을 앞둔 환자에게 갑자기 하나님이 고치셨다고 하다니… 저 사람 대체 뭐지?'

그들의 시선이 느껴졌지만, 저는 개의치 않고 인사를 드리고 병실을 나왔습니다. 다음 날 아침, 성도님으로부터 전화가 걸려왔습니다.

"사모님! 난소암이 다 없어졌대요!"

의사도 놀란 기색이었다고 합니다. 부모님의 요청에 따라 수술 전에 복강경 검사를 했는데, 난소암이 완전히 사라진 것을 확인한 것입니다. 수술실에 들어갔다가 암이 발견되지 않아 그대로 나와 버렸습니다. 의사는 간호사에게 난소암이 사라져서 수술하지 않고 나간다. 가족들에게 빨리 전하라고 지시했습니다. 곧바로 인터폰을 통해 부모님께 소식이 전해졌고, 수술실 앞에서 눈물 흘리며 기다리던 부모님은 간호사의 말을 듣고 얼떨떨한 표정으로 서로를 바라보았다고 합니다. 마취에서 깬 혜진이는 너무 멀쩡해서, 수술실에서 나오자마자 커피 자판기로 가서 커피를 뽑아 마시며 걸어 다녔습니다. 이를 본 병동 사람들은 깜짝 놀라며 물었습니다.

"너 수술 안 받았어? 왜 멀쩡히 돌아다녀?"
"네, 난소암이 없어졌어요!"

그제야 전날 저를 이상하게 쳐다보던 병동 가족들과 간병인들은 성도님을 붙잡고 물었습니다.

"어느 교회 사모님이세요? 전화번호 좀 알려 주세요."

그렇게 하나님께서는 놀라운 기적을 베푸셨습니다. 이후 혜진이와 부모님은 자연스럽게 교회를 다니기 시작했습니다. 그리고 몇 년 동안 직접 농사지은 쌀과 기름, 농산물을 보내 주셨습니다.

저는 그것을 받을 때마다 깨달았습니다.

하나님께서 우리에게 복음을 주신 이유는,

가난하고 눌린 자들에게 자유를 선포하고,

고통받는 이들에게 기쁨을 주며, 슬픔을 찬송으로 바꾸기 위함이구나!

하나님의 은혜는 그분을 찾는 자들에게 언제나 임합니다.

3. 나는 너희를 치료하는 여호와임이라

"이르시되 너희가 너희 하나님 나 여호와의 말을 들어 순종하고 내가 보기에 의를 행하며 내 계명에 귀를 기울이며 내 모든 규례를 지키면 내가 애굽 사람에게 내린 모든 질병 중 하나도 너희에게 내리지 아니하리니 나는 너희를 치료하는 여호와임이라"(출애굽기 15:26).

겟세마네 기도회에서 한 권사님이 다가와 조용히 기도를 요청하셨습니다.

"사모님, 저를 위해 기도해 주세요. 우울증, 공황장애, 불면증 때문에 너무 힘듭니다."

성전 안의 작은 방에서 이야기를 나누며 함께 기도하기 시작했습니다. 권사님은 모태 신앙으로 자랐지만 신앙이 점점 형식적으로 변해가면서 영적으로 무뎌졌다고 고백하셨습니다. 율법적으로 신앙생활을 해왔지만 어느 순간 돈과 물질에 대한 욕심이 커지며 결국 투자에 빠지게 되었다고 하셨습니다. 처음에는 하나님께서 주신 복이라 믿고 시작했지만, 탐욕이 점점 커지면서 무리한 투자를 이어갔고 결국 큰 손실과 빚만 남았습니다.

"아침에 눈을 뜨는 것이 너무나 두려웠어요. 하루하루가 후회와 자책으로 가득 차 있었습니다."

그분의 절박한 마음을 듣고 저는 안타까운 심정으로 함께 기도했습니다. 그날 이후 놀라운 일이 일어났습니다. 공황장애와 우울증, 불면증이 완전히 사라졌고, 오랫동안 복용하던 정신과 약과 수면제까지 끊을 수 있었습니다.

권사님은 코로나 이후 온라인 예배만 드리면서 신앙이 점점 무너져 갔다고 고백하셨습니다. 그러던 중 우연히 길교회를 알게 되었고, 24시간 개방된 교회와 따뜻한 카페 공간에서 새로운 신앙생활을 시작하게 되었다고 합니다. 기도하는 동안 마음속 깊이 자신의 죄를 깨닫게 되었고, 탐욕과 세상적인 욕망을 회개하며 다시금 하나님 앞에 나아가게 되었습니다. 기도할수록 마음이 평안해졌고, 감사가 입술에 넘쳐났습니다.

하나님은 백내장까지도 치유하십니다.
어느 날 주일 예배에서 목사님께서 자신의 간증을 나누셨습니다. 목사님은 오랫동안 안경을 쓰셨고, 나이가 들면서 돋보기까지 필요하게 되었습니다. 그러던 중 시력이 점점 나빠져 성경 읽기가 어려워지자 하나님께 기도드렸습니다.

"하나님, 성경을 읽고 말씀을 전해야 하는데, 시력이 점점 안 좋아지고 있습니다. 도와주세요."

그런데 놀랍게도, 하나님께서는 목사님의 시력을 점점 회복시키셨고, 어느 날 안과를 방문했을 때 의사가 깜짝 놀라며 말했습니다.

"만 명 중 한 명 있을까 말까 한 황금 근시가 왔습니다. 안경을 쓰지 않으셔도 됩니다."

그날 이후 목사님은 더 이상 안경을 쓰지 않아도 작은 글씨까지 선명하게 볼 수 있게 되었습니다. 이 간증을 들은 권사님은 감동을 받았고, 자신도 백내장으로 인해 6개월마다 정기 검진을 받고 매일 약을 넣어야 하는 상태였기에 간절한 마음으로 기도하기 시작했습니다.

"주님, 저도 백내장이 있습니다. 침침한 눈 때문에 너무 불편하고, 수술 없이 고쳐지기를 원합니다. 저를 치료해 주세요."

그날부터 교회에 올 때마다 안수기도를 받으며 간절히 기도했고, 결국 하나님께서 권사님의 눈을 깨끗하게 치유해 주셨습니다.

하나님은 위장병도 치료하십니다.

어느 날 식당에서 우연히 권사님을 만났습니다.

"사모님, 드릴 말씀이 있어요."

"무슨 말씀이신가요?"

"저는 어릴 때부터 유전적으로 위가 약해서 한 달의 절반 이상을 죽으로 버텨야 했어요. 식사하는 것이 두려웠고 늘 약을 먹으며 살아왔어요. 저희 어머니도 평생 위장병을 앓으셨기에 저 역시 어쩔 수 없는 운명이라 생각했어요. 사모님, 저를 위해 기도해 주세요."

저는 권사님의 가슴에 손을 얹고 간절히 기도해 드렸습니다. 그리고 며칠 후, 권사님이 다시 저를 찾아왔습니다.

"사모님, 기도 한 번 받았을 뿐인데 위장병이 말끔히 나았어요! 밥을 먹으면 늘 체했는데, 이제는 매일 밥을 먹어도 소화가 너무 잘돼요! 입맛도 돌아오고 너무 행복해요!"

그분의 얼굴에는 기쁨이 가득했고, 저는 하나님께 감사의 기도를 드렸습니다.

하나님은 온전한 치유를 이루시는 분이십니다. 하나님은 단순히 우리의 영혼만 구원하시는 분이 아니라, 우리의 몸과 마음까지도 온전히 치유하시는 하나님이십니다.

이 권사님은 공황장애, 우울증, 불면증, 백내장, 위장병까지 모두 고침을 받은 놀라운 복을 경험하셨습니다. 이러한 간증과 하나님의 은혜가 있기에 우리는 더욱 기도하며 믿음을 지킬 수 있는 힘을 얻게 됩니다.

우리 하나님은 살아 계시며, 지금도 우리와 함께하시고 모든 병을 고쳐주시는 분이십니다. 할렐루야!

4. 폐암 말기 환자 치유

"여호와여 주는 나의 찬송이시니 나를 고치소서. 그리하시면 내가 낫겠나이다. 나를 구원하소서. 그리하시면 내가 구원을 얻으리이다"(예레미야 17:14).

성령의 기름 부으심을 받은 후, 하나님의 능력이 제 안에서 나타나기 시작하자 아픈 사람들을 보면 기도해주고 싶은 마음이 들었습니다. 우리 교회 성도들 중에도 몸이 아프신 분들이 계셨는데, 기도를 받은 후 모두 치유되는 역사가 일어났습니다.

더 이상 기도해줄 환자가 없자, 저는 알고 지내던 사모님께 전화를 걸어 말했습니다.

"사모님, 제가 성령의 기름 부으심을 받고 하나님의 능력이 나타나서, 아픈 사람에게 손을 얹고 기도하면 병이 낫습니다."

그러자 그 사모님은 깜짝 놀라시며 "어머, 사모님!" 하고 외치시더니 급히 봉고차에 성도들을 가득 태워 저를 찾아오셨습니다. 그때부터 하나님의 역사가 교회에 소문나기 시작했습니다. 많은 사람들이 전화로 문의했고, 치유기도를 받으러 찾아오는 이들이 점점 많아졌습니다.

어느 날, 안양에 사는 한 집사님께서 전화를 걸어오셨습니다. 남편이 폐암 말기라는 것이었습니다. 병원에서는 남은 시간이 2~3개월 정도라고 선고했고, 더 이상 치료 방법이 없어 퇴원 후 집에서 지내고 있다고 하셨습니다.

그 집사님은 저의 치유 사역 소식을 듣고 직접 찾아오겠다고 하셨고, 저는 오시라고 말씀드렸습니다. 그 부부는 시어머니와 가족 몇 분과 함께 저를 찾아오셨습니다.

저는 폐암에 대해 의학적인 지식은 없었지만, 하나님께서 하실 일을 기대하며 말했습니다.

"안양에서 여기까지 거리가 멀지만, 20일 동안 저녁마다 기도를 받으러 오세요."

멀기도 하고, 믿음이 부족하면 오지 않을 수도 있었지만, 그 집사님은 그렇게 하겠다고 대답하셨습니다.

남편 집사님은 폐암으로 인해 호흡이 어려워 가족들이 양쪽에서 부축하며 교회로 오셨습니다. 성전은 지하 2층이었고, 계단을 내려오는 것조차 힘들었지만, 가족들의 도움을 받아 매일 기도를 받으셨습니다.

그러던 어느 날, 계단을 내려오는 모습을 우연히 보았는데, 그 집사님이 혼자 걸어 내려오고 계셨습니다.

"어머, 오늘은 혼자 내려오시네요?"

그러자 집사님께서 환한 얼굴로 대답하셨습니다.

"기도를 받으니까 점점 좋아지는 걸 느낍니다."

부인 집사님도 기쁜 목소리로 말했습니다.

"사모님, 남편이 밥을 못 드셨는데 이제는 다 드세요! 기도를 받으면서 계속 좋아지고 있어요."

호흡이 좋아지자, 그 집사님은 점차 계단을 혼자 오르내릴 수 있게 되었습니다. 그렇게 20일 동안 기도를 받으셨고, 다음 날은 병원 정기 검진이 예정되어 있었습니다.

그분은 세브란스 병원에서 CT와 MRI 검사를 받았습니다. 검사 결과를 본 의사 선생님이 고개를 갸우뚱하며 말했습니다.

"희한하게도 폐암이 많이 좋아졌습니다. 20일 후에 다시 검사해 봅시다."

집사님은 기쁜 마음으로 저에게 전화를 걸어 소식을 전해 주셨고, 저는 말했습니다.

"그럼 20일 동안 더 기도를 받으러 오세요."

그분은 다시 20일 동안 매일 교회에 와서 기도를 받으셨고, 점점 더 건강을 회복해 가셨습니다. 20일 후 다시 병원에 가서 검사를 받았는데, 의사가 놀라며 말했습니다.

"20일 전에 비해 훨씬 더 좋아졌습니다! 20일 후에 마지막으로 한 번만 더 검사해 봅시다."

그렇게 해서 또 20일 동안 기도를 받으셨고, 총 60일이 지난 후 최종 검사를 받았습니다. 그 결과, 의사는 믿을 수 없다는 표정으로 말했습니다.

"완치되었습니다!"

폐암 말기였던 집사님이 완전히 나은 것입니다! 하나님께서는 초기 암뿐만 아니라 말기 암도 치료하시는 분임을 다시 한 번 깨닫게 되는 순간이었습니다.

이 폐암 치유를 통해 남편 집사님은 예수님을 믿게 되었습니다. 사실 그는 폐암에 걸리기 전까지 아내의 전도를 받아도 좀처럼 신앙을 받아들이지 않았고, 술을 좋아하며 교회에 나갈 생각도 없었습니다.

그러나 폐암이라는 고통을 겪으며 자신의 삶을 돌아보게 되었고, 하나님 앞에 철저히 회개하기 시작했습니다. 그리고 하나님께서 그의 생명을 붙잡아 주시고, 긍휼을 베푸시며 폐암 말기를 완치시키는 놀라운 역사를 이루셨습니다.

하나님은 지금도 살아 역사하십니다.

5. 오병이어의 역사

"다 배불리 먹고 남은 조각을 열두 바구니에 차게 거두었으며, 먹은 사람은 여자와 어린이 외에 오천 명이나 되었더라"(마태복음 14:20-21).

화곡동에서 목회하던 중, 하나님의 은혜로 지하 60평의 성전을 얻게 되었습니다. 교회가 부흥하면서 공간이 부족해져 제2교육관을 추가로 마련하였고, 이후에는 건너편의 새로운 상가까지 사용하게 되었습니다. 성도들이 점점 늘어나면서, 우리는 숙소로 사용할 영빈관까지 구매하게 되었습니다.

그러나 시간이 흐를수록 교회 공간이 더욱 절실히 부족하다는 것을 느끼게 되었습니다. 마침 교회에서 300m 떨어진 곳에 새 건물이 올라가고 있었는데, 그 건물은 층마다 100평씩 사용할 수 있었고, 주변 공터는 주차장으로 활용 가능한 좋은 장소였습니다.

우리는 그 건물의 여러 층을 임대하여 사용하고자 했지만, 당시 교회 재정이 부족한 상황이었습니다. 왜냐하면 교회의 모든 재정을 필리핀 성전 건축을 위해 보내고 있었기 때문입니다. 또한 우리 교회 성도들 중에는 특별히 부유한 분이 계시지 않았습니다.

그때 우리는 간절히 기도하며 하나님의 응답을 기다렸습니다. 그러던 어느 날, 남편 목사님께서 오병이어에 관한 설교를 하셨습니다. 주님께서 많은 무리를 보시고 제자들에게 물으셨습니다.

"이 많은 사람들에게 어떻게 떡을 나누어 줄 수 있겠느냐?"

이에 빌립은 현실적인 대답을 했습니다.

"우리가 가진 재정으로는 이 사람들을 먹일 수 없습니다."

그러나 안드레는 한 아이가 가져온 보리떡 다섯 개와 물고기 두 마리를 주님께 드렸습니다. 그러자 주님께서 그것을 축사하시고, 오천 명이 배불리 먹는 기적이 일어났습니다.

그때 성령께서 목사님께 깨달음을 주셨고, 목사님은 이렇게 선포하셨습니다.

"성도 여러분, 우리가 빌립처럼 재정이 없어서 안 된다고 말하지 맙시다. 우리에게 있는 것을 주님께 내어놓으십시오! 내게 있는 것을 주님께 드립시다."

이어 목사님께서 말씀하셨습니다.

"내게 돈은 없을지라도 시간이 있지 않습니까? 물질이 부족할지라도 건강이 있지 않습니까? 내가 가진 것으로 주님께 충성합시다. 지금 당장 물질이 없더라도 시간을 들여 열심히 기도하십시오. 그러면 그것이 오병이어의 기적이 될 것입니다."

그 설교 이후, 한 권사님이 우리 교회에 등록하셨습니다. 이사를 하시며 심방 예배를 요청하셨고, 목사님과 저는 그 권사님의 집을 방문했습니다.

집은 부엌과 방 하나뿐인 작은 공간이었고, 사람들이 앉을 자리조차 부족했습니다. 성도들은 침대 위에 앉고 나머지는 바닥에 오밀조밀 모여 겨우 예배를 드렸습니다.

권사님은 우리 교회에 오자마자 열심히 기도 생활을 시작하셨고, 어느 날 교회에 상담을 요청하셨습니다. 상담을 통해 알게 된 사실은, 권사님이 젊은 시절 큰 사고를 당해 병원에 실려 갔고, 의사는 그녀가 평생 걸을 수 없을 것이라고 진단했다는 것이었습니다. 간신히 회복이 되더라도 휠체어를 타야 할 수도 있다는 말까지 들으셨다고 했습니다.

그러나 권사님은 어머니께 상속받은 땅을 하나님께 드리기로 결단하고, 간절히 기도하며 치유를 받았습니다. 하나님께서 역사하셔서 다시 걷게 되었고, 그 후 20년이 지난 지금은 다시 허리가 아파오기 시작했습니다.

그때 하나님께서는 권사님에게 말씀하셨습니다.

"네가 그때 서원했던 땅을 나에게 드려라."

권사님은 부모님께서 남겨주신 세 곳의 땅 중 가장 먼저 팔리는 땅을 하나님께 드리기로 결단했습니다. 그래서 저와 목사님은 그 땅을 보기 위해 지방으로 내려갔습니다.

그곳에는 산과 논, 그리고 도로변의 대지가 있었습니다. 권사님은 가치 있는 땅이 먼저 팔리기를 바랐고, 인근 부동산에 땅을 내놓았습니다.

며칠 지나지 않아 한 사람이 땅을 사고 싶다고 연락을 해왔고, 처음 계약하려던 금액은 1억 5천만 원이었습니다. 계약서에 금액을 적고 있는데, 다른 부동산에서 전화가 왔습니다.

"지금 계약을 진행 중인데요."

그러자 그쪽에서는 말했습니다.

"천만 원을 더 드리겠습니다. 우리와 계약합시다."

저는 계약을 하려던 사장님께 양해를 구하며 이 사실을 알렸습니다. 그러자 그 사장님은 천만 원을 더 올려 1억 6천만 원을 제안하셨습니다. 이후에도 계속해서 가격이 올라, 결국 1억 9천만 원까지 도달했습니다.

계약을 진행하던 사장님은 화가 나서 포기하고 나가셨지만, 10분 후 다시 돌아와 말씀하셨습니다.

"서울까지 계약하러 왔으니, 1억 9,998만 원으로 계약합시다."

그렇게 계약이 성사되었고, 권사님은 저를 바라보며 말씀하셨습니다.

"사모님, 저 2만 원만 빌려주세요."

그리하여 하나님께 2억 원을 채워 예물을 드리는 놀라운 역사가 일어났습니다.

하나님께서는 작은 보리떡 다섯 개와 물고기 두 마리로 오천 명을 먹이셨듯이, 지금도 우리가 가진 것을 내어놓을 때 기적을 베푸십니다.

성도 여러분, 하나님께서 여러분의 손에 있는 것을 사용하시도록 맡기십시오. 우리가 가진 것이 부족해 보일지라도, 하나님께서는 그것을 축사하시고 배로 갚아주실 것입니다. 오병이어의 기적이 오늘날 우리 삶 가운데서도 이루어질 것을 믿으며, 하나님께서 허락하시는 은혜를 경험하는 모두가 되기를 소망합니다.

6. 재물 얻을 능력

"네가 네 하나님 여호와를 기억하라. 그가 네게 재물 얻을 능력을 주셨음이라"(신명기 8:18).

마포 길교회는 코로나 기간 동안 새 성전을 건축하였으며, 건축비만 약 60억 원이 소요되었습니다. 기존 재적 성도가 많지 않았음에도 불구하고 단 한 푼의 빚 없이 성전을 완공할 수 있었던 것은 전적으로 하나님의 은혜였습니다. 성전 건축을 빚 없이 이룰 수 있었던 과정에는 많은 간증이 있습니다. 그중에서도 제가 살고 있던 아파트를 통해 건축 자금을 마련한 이야기를 나누고자 합니다.

제가 살던 마포자이 아파트는 원래 부모님께서 이 지역이 재개발되기 전, 경매를 통해 1억 3천만 원에 낙찰받은 단독주택이었습니다. 이후 성전 건축비로 사용하기 위해 교회 명의로 등록하였고, 재개발로 인해 새 아파트를 교회 이름으로 분양받게 되었습니다.

재개발이 되기 전에 하나님께서 꿈으로 보여 주셨습니다. 자이 아파트가 다 지어진 꿈이었습니다. 목사님과 저는 아파트를 구경하기 위해 그곳에 방문했습니다. 24층 높이의 아파트였고, 1층 문 앞에 서자 현관문이 자동으로 열렸습니다. 엘리베이터를 타고 맨 꼭대기 층으로 올라갔습니다. 그곳에는 사람들이 복도와 계단에 많이 모여 있었습니다.

저는 24층 현관으로 들어가려는데, 사람들이 웅성거리며 뒤에서 이야기하는 소리가 들렸습니다.

"아줌마, 부러워요. 아줌마, 부러워요."

저는 뒤를 돌아보며 물었습니다.

"저요? 저에게 하시는 말씀인가요?"

"네."

"제가 왜 부러우세요?"

"제일 좋은 층의 제일 좋은 아파트를 받았으니 부럽지요!"

사람들이 저를 부러운 눈빛으로 바라보았습니다. 저는 아파트 안으로 들어갔습니다. 넓은 거실이 있었는데, 그곳에는 원형 온천탕이 있었고 뜨거운 온천수가 나오고 있었습니다.

'와, 신기하네. 무슨 거실에서 온천수가 나오지?' 하고 생각했습니다.

집을 구경하면서 '48평쯤 되겠구나'라고 생각했는데, 실제로 분양받고 보니 49평 아파트였습니다. 저희 부부는 이를 사택으로 사용하고 있었습니다. 그러나 저희는 늘 이 아파트를 팔아 성전 건축에 사용해야겠다는 마음을 가지고 있었습니다.

분양받은 아파트의 가치는 계속 상승했습니다. 입주 당시 10억 원

수준이었던 시세가 12억, 13억 원으로 오르기 시작했습니다. 저는 남편에게 이 시점에서 매도하는 것이 좋겠다고 이야기했지만, 남편은 기도하는 가운데 조금 더 기다려 보자고 했습니다. 이후 아파트 가격은 15억 원까지 상승했습니다.

저는 다시 한 번 남편 목사님께 매도를 권했지만, 목사님은 늘 '말씀과 기도보다 앞서지 말자'는 신앙의 원칙을 가지고 있었습니다. 기도 후에 "아직 때가 아니다"라고 하셨고, 결국 18억 원에 매물을 내놓았습니다. 그러나 막상 매수자가 생기자 마음이 흔들려 매도하지 않았습니다.

그 사이 아파트 가격은 계속 상승하여 최고점을 향해 달려갔습니다. 아파트 가치는 20억 원을 넘었고, 저희는 성전 건축 자금을 최대한 확보하기 위해 23억 원에 매물을 내놓았습니다. 그러자 강남에 계신 한 분이 당장 사겠다고 연락해 왔습니다.

당시 부동산 시장 분위기가 좋았고, 기도해 보니 하나님께서 아직 팔 때가 아니라는 마음을 주셨습니다. 목사님과 상의한 끝에 조금 더 기다려 보기로 하고 매도 가격을 조정했습니다. 그리고 성전 건축이 시작될 즈음, 결국 25억 4천만 원에 매도를 확정할 수 있었습니다.

하나님의 인도하심으로 최고의 가격에 매도할 수 있었고, 그 재정이 성전 건축에 온전히 사용되도록 하셨습니다.

코로나 기간 동안 아름다운 성전을 건축하며 봉헌 예배를 드릴 수 있게 되어 감사하고 행복했습니다.

7. 탑차에서 달러가 쏟아지는 환상

"여호와께서 너를 위하여 하늘의 아름다운 보고를 여시사 네 땅에 때를 따라 비를 내리시고 네 손으로 하는 모든 일에 복을 주시리니, 네가 많은 민족에게 꾸어줄지라도 너는 꾸지 아니할 것이요"(신명기 28:12).

하나님께서는 저에게 재정의 기름을 부어 주셔서 많은 복을 허락하셨습니다. 그리고 그 복을 주시기 전에, 종종 환상을 통해 미리 보여주셨습니다.

어느 날, 성전에 가서 기도하던 중 갑자기 제 눈앞에 환상이 열리며 1톤 탑차의 뒷문이 보였습니다. '왜 기도 중에 1톤 탑차가 보이지?'라고 의아해하며 바라보는 순간, 닫혀 있던 뒷문이 자동으로 열렸습니다. 그 안을 들여다보니 지폐가 가득 차 있었습니다.

'우와, 저 안에 돈이 가득하네.'

그렇게 생각하는 순간, 지폐들이 제 앞으로 와르르 쏟아졌습니다. 자세히 보니 그것은 한화가 아니라 달러였습니다. 환상을 본 후 저는 '한화가 아닌 달러를 부어 주시는 것을 보니, 하나님께서 앞으로 큰 재정의 복을 주시려는 것이 아닐까' 하는 마음이 들었습니다. 너무나 생생한 환상이었기에 성도들에게도 이 이야기를 나누었습니다.

또 한 번은 꿈을 꾸었습니다.

제가 기도원 마당에 서 있는데, 흰옷을 입으신 분이 다가와 저에게 봉투를 건네주셨습니다. 지금 생각해 보면, 그분은 천사였던 것 같습니다.

제가 "이 봉투를 왜 저에게 주시나요?"라고 묻자, 그는 "너무나 감사해서 드리는 것입니다"라고 말했습니다. 저는 그 이유를 알 수 없었지만 봉투를 받았고, 목사님이 계신 방으로 들어가 열어보았습니다.

봉투 안에는 수표가 있었습니다. 감사의 의미로 헌금하신 것이라 생각하며 수표를 꺼내 보았는데, 그것은 무려 백만 달러였습니다.

그리고 놀랍게도, 이후 하나님께서는 실제로 저에게 백만 달러를 받는 역사를 허락하셨습니다. 그 일이 있고 난 후, 어느 집사님께서 저에게 이렇게 물으셨습니다.

"사모님, 하나님께서 꿈으로 보여주신 백만 달러는 실제로 받으셨는데, 그 탑차에서 쏟아졌던 달러는 언제 받으실 건가요?"

그 말씀을 듣고 저는 '그 달러가 바로 내가 가지고 있는 건물인가 보다'라고 생각했습니다. 하나님께서 은혜로 주신 건물이 이후 재개발로 인해 가격이 폭등했기 때문입니다.

하나님께서는 우리에게 무엇인가를 주실 때, 때로는 환상을 통해 몇 년 전부터 미리 보여주십니다. 그리고 우리가 그분의 때를 기다릴 때, 결국 하나님의 방법으로 그 복을 취할 수 있도록 역사하십니다.

8. 하나님이 주신 건물

"내가 네게 구하노니 내게 복을 주시려거든 나의 지역을 넓히시고, 주의 손으로 나를 도우사 나로 환난을 벗어나 내게 근심이 없게 하옵소서 하였더니, 하나님이 그가 구하는 것을 허락하셨더라"(역대상 4:10).

저는 마흔 살부터 전국을 다니며 부흥 집회 사역에 전념하며 열심히 달려왔습니다. 그리고 쉰한 살이 되던 해, 하나님께서 제 마음에 새로운 소망을 주셨습니다.

"내 이름으로 된 건물을 하나님께 받게 된다면, 그 건물에서 나오는 월세를 구제와 선교에 사용하고 싶다."

이전까지는 한 번도 그런 생각을 해본 적이 없었습니다. 오직 사역에만 집중하며 살아왔습니다. 그러나 하나님께서 제 마음에 새로운 비전을 심어 주셨고, 저는 그 비전을 품고 기도하기 시작했습니다.

저는 어린 시절 극심한 가난 속에서 자랐습니다. 돈이 없어 퇴학까지 당할 정도였으니, 얼마나 힘들었겠습니까? 그런 환경에서 자라났기에, 가난한 이들의 아픔을 누구보다 잘 이해합니다. 그래서 목회를 하면서도 늘 어려운 성도들을 돕기 위해 최선을 다해 왔습니다.

어느 날, 저는 목사님께 이렇게 말했습니다.

"여보, 하나님께서 우리에게 물질의 복을 주신다면, 제 이름으로 된 건물을 하나 사 주세요."

목사님은 의아한 표정으로 물으셨습니다.

"왜 그렇게 하고 싶어?"

저는 진심을 담아 대답했습니다.

"제 이름으로 된 상가를 사주시면, 거기서 나오는 월세로 구제하고 선교하며 살고 싶어요. 그게 제 꿈이고 비전이에요. 꼭 그렇게 해 주세요."

하지만 목사님은 조용히 듣기만 하셨습니다. 그 후로도 기회가 될 때마다 같은 이야기를 반복했고, 어느 순간 그 말이 목사님의 마음에도 깊이 새겨지게 되었습니다.

당시 우리에게는 부여에 매입한 수양관이 있었습니다. 어느 날 하나님께서 제게 말씀하셨습니다.

"매월 첫 주 월·화·수는 부여 수양관에서 부흥회를 하여라."

이 음성을 듣고 저는 목사님께 전했습니다.

"하나님께서 부여 수양관에서 집회를 하라고 하셨어요."

그러자 목사님은 주저 없이 말씀하셨습니다.

"하나님 말씀이라면 순종해야지."

그렇게 우리는 매월 첫 주마다 어김없이 부흥회를 진행하게 되었습니다.

어느 날 집회가 끝난 후, 두 명의 여자 집사님이 상담을 요청하셨습니다. 함께 방으로 가서 이야기를 나누는데, 한 집사님께서 눈물을 글썽이며 말씀하셨습니다.

"우리 남편이 감옥에 있습니다."

조심스럽게 이유를 여쭈었더니, 깊은 한숨과 함께 사연을 들려주셨습니다.

남편은 지인의 제안으로 주유소의 '바지 사장'을 맡게 되었고, 매달 300만 원을 받는 조건이었습니다. 깊이 고민하지 않고 명의를 빌려주었지만, 실제 사장이 가짜 기름을 섞어 팔다가 적발되었고, 정작 실소유자는 무죄 판결을 받았습니다. 결국 명의만 빌려준 남편이 실형을 선고받았고, 9억 9천만 원의 벌금까지 부과되었습니다.

집사님은 대전에 건물을 한 채 가지고 있었고, 남편은 감옥에서 이렇게 말했습니다.

"급매로라도 팔아서 대출을 다 갚고, 5천만 원이든 1억이든 가지고 있어."

그래서 집사님은 건물을 벼룩시장과 부동산에 내놓았고, 저에게 상담을 요청하신 것이었습니다. 이야기를 들은 저는 안타까운 마음에 말씀드렸습니다.

"빨리 팔아서 5천만 원이라도 챙기셔야겠네요."

상담을 마치고 저는 목사님께 이 이야기를 전했습니다.

"대전에서 오신 집사님 얘기 들으셨어요? 남편이 300만 원 벌려고 명의를 빌려줬다가 감옥에 가셨대요. 너무 안타까워요."

그러자 목사님께서 뜻밖의 말씀을 하셨습니다.

"정말 안됐네. 그 건물 내가 당신 이름으로 사줄게."

깜짝 놀란 저는 되물었습니다.

"정말요?"

목사님은 웃으며 말씀하셨습니다.

"당신이 맨날 나한테 상가 사달라고 했잖아. 빨리 가서 그분한테 우리가 건물 사겠다고 전해."

저는 기쁜 마음으로 마당에 계시던 집사님들께 달려가 말씀드렸습니다.

"집사님, 우리 목사님이 그 건물을 제 이름으로 사주신대요!"

집사님은 놀라며 기쁨의 눈물을 흘리셨습니다. 건물은 원래 19억 5천만 원에 내놓은 상태였지만, 목사님은 직접 보지도 않고 20억 원에 사겠다고 하셨습니다. 이 말씀을 전하자 집사님은 감격하며 말했습니다.

"사모님, 너무 감사합니다."

남편분도 감옥에서 소식을 듣고 감사의 뜻을 전해 오셨습니다.

"목사님과 사모님께 정말 감사합니다. 월세가 좋은 데 쓰인다면 더더욱 감사한 일이죠. 얼른 계약하세요!"

그날 밤 저는 하나님께 기도드렸습니다.

"하나님, 이 건물을 사는 것이 주님의 뜻입니까?"

그러자 하나님께서는 다섯 가지 환상을 보여주시며 말씀하셨습니다.

"이 건물을 사라. 그리고 5천만 원을 더 주어라."

다음 날, 저는 집사님께 전화를 걸어 상황을 설명하며 "아직 목사님께는 말씀드리지 않았다"고 했습니다. 집에 돌아와 목사님께 이 사실을 전하자, 목사님은 망설임 없이 말씀하셨습니다.

"하나님께서 더 주라고 하셨으면, 5천만 원 더 드려야지."

그렇게 우리는 1억 원을 더 주고, 총 20억 5천만 원에 건물을 구입하게 되었습니다.

하나님의 인도하심으로 건물을 계약하게 되었지만, 이후 예상치 못한 어려움들이 있었습니다. 저는 서울에 거주하고 있었기에 건물 관리가 쉽지 않았고, 1층을 제외한 모든 층이 공실이었습니다. 게다가 과거 조폭이었던 세입자가 보증금을 소진하고 퇴거를 거부하고 있어 문제가 되었습니다.

저는 이 모든 문제를 놓고 하나님께 지혜를 구했습니다. 하나님께서는 그 건물에 개척 교회와 신학교가 입주하게 하셨고, 저는 그분들께 선교비를 지원하며 건물 관리를 맡길 수 있었습니다. 그들은 성실하게 건물을 잘 관리해 주었고, 조폭이었던 세입자도 밀린 월세 1천만 원을 포기하고 이사해 주었습니다.

이후 하나님께서는 모든 공실을 채워 주셨고, 월세 수익은 구제와 선교의 재정으로 흘러가기 시작했습니다.

더 놀라운 일은, 건물을 판 집사님의 남편분이 출소한 후 감격하여 예수님을 믿기로 결단하신 것입니다. 그제야 깨달았습니다. 하나님께서는 한 영혼을 구원하기 위해 우리에게 더 드리라고 하셨구나.

그리고 몇 년 후, 이 건물은 재개발 지역으로 지정되어 몇 배의 엄청난 가치를 지니게 되었습니다.

하나님의 뜻에 순종할 때, 우리는 하나님의 복을 경험하게 됩니다.

9. 건물주와 영혼 구원

"네가 네 하나님 여호와의 말씀을 순종하면 이 모든 복이 네게 임하며 네게 이르리니, 성읍에서도 복을 받고 들에서도 복을 받을 것이며, 네 몸의 자녀와 네 토지의 소산과 네 짐승의 새끼와 우양의 새끼가 복을 받을 것이며, 네 광주리와 떡 반죽 그릇이 복을 받을 것이며, 네가 들어와도 복을 받고 나가도 복을 받을 것이니라"(신명기 28:2-6).

하나님께서 영혼을 구원하시는 방법은 참으로 다양합니다.

교회 건축을 앞두고 있을 때, 친오빠에게서 전화가 왔습니다.

"은진아, 교회 건축은 어떻게 되고 있어?"

저는 교회 앞 도로가 아직 나지 않아 시작조차 하지 못했다고 말씀드렸습니다. 그러자 오빠는 걱정스러운 목소리로 말했습니다.

"큰일이네. 빨리 지어야 할 텐데."

그러더니 갑자기 이렇게 말했습니다.

"얘, 교회 사모가 교회를 건축하려면 다른 교회들은 어떻게 지었는지 구경도 해보고 배워야 하는 거 아니야?"

제가 그런 경험이 없다고 하자, 오빠는 말했습니다.

"잘됐다. 동대문에 내 친구가 이번에 5층짜리 건물을 새로 지었대. 너희 교회만 한 크기인데, 한 번 가서 직접 보고 배우는 게 좋을 거야. 내일 아침에 그 친구가 나한테 커피 마시러 오라고 했는데, 너도 같이 가자. 건물 벽은 무슨 자재를 썼는지, 실내 장식은 어떻게 했는지 직접 보고 배워야지."

말을 듣고 보니 도움이 될 것 같아 흔쾌히 따라가기로 했습니다. 다음 날, 약속 장소에 도착하니 우리 교회 크기와 비슷한 5층 건물이 예쁘게 서 있었습니다. 건물 안을 둘러보고 옥상에 올라가 보니 멋진 테라스와 정자가 있었습니다.

"어머, 이 정자 얼마에 하셨어요?"

제가 묻자 건물주가 대답했습니다.

"500만 원 들었습니다."

저는 '우리 교회도 나중에 꼭 해야겠다'고 생각하며 머릿속에 그림을 그렸습니다. 건물주가 커피를 직접 타 주셨고, 우리는 정자에 앉아 함께 마시며 대화를 나누었습니다. 교회 건축 시 외벽과 실내 인테리어에 대한 다양한 정보도 들을 수 있었습니다.

그러던 중 건물주가 오빠에게 말을 꺼냈습니다.

"임 대표, 여기 옆에 3층짜리 상가주택이 하나 나왔는데, 이거 진짜 투자가치 있어! 꼭 사야 해."

오빠가 무슨 건물이냐고 묻자, 건물주는 설명을 이어갔습니다.

"건물 주인이 84세인데, 자녀가 넷이야. 애들이 아버지에게 건물을 팔아서 유산을 나눠 달라고 했대. 그래서 며칠 전에 부동산에 내놨는데, 내가 연락을 받았거든. 지금 정말 싸게 나왔어. 내 말 듣고 한 번 사 봐. 내 말 듣고 투자한 사람들 다 부자 됐어!"

오빠는 저를 보며 말했습니다.

"은진아, 너랑 나랑 반반씩 사볼까?"

결국 우리는 신설동에 있는 그 건물을 보러 가기로 했습니다. 청계천을 중심으로 건물들이 늘어선 곳이었고, 개천 건너편에 위치한 1층 상가, 2·3층 주거 공간, 옥탑방까지 포함된 건평 200평의 꼬마빌딩이 매물로 나와 있었습니다.

건물을 바라보는 순간, 제 마음이 이상하게 끌렸습니다. 건물이 제 안으로 쑥 들어오는 듯한 느낌이 들었습니다. 이건 경험해 본 사람만이 아는 감각입니다.

'어머, 하나님이 이 건물 사라고 하시나 보다.'

그 순간 마음 깊은 곳에서 울림이 있었습니다. 오빠는 반반씩 공동명의로 사자고 했지만, 저는 단호히 말했습니다.

"형제라도 투자는 각자 하는 게 좋지 않겠어? 오빠가 사든지, 내가 사든지 해야지."

그러자 오빠는 손을 내저으며 말했습니다.

"나는 이번에 건물 하나 사느라 여력이 없어. 그러니까 네가 살 거면 사."

문제는 가격이었습니다. 건물은 15억이었고, 보증금을 빼도 12억 정도가 필요했지만 저는 그만한 돈이 없었습니다.

집으로 돌아와 목사님께 이 이야기를 했습니다. 그러자 목사님은 말씀하셨습니다.

"당신, 왜 그렇게 욕심을 부려? 대전에 하나님이 큰 건물 주신 것도 감사한데 또 욕심을 내는 거야?"

그 말씀을 듣고 '맞아, 내가 욕심을 부리는 거야. 돈도 없는데 무슨 건물을 사겠다고…'라는 생각이 들었습니다. 하지만 마음 한편에서는 계속해서 건물을 사라는 강한 감동이 있었습니다.

"여보, 대전 건물 대출을 알아봤는데, 대출이 되면 이 건물을 사고, 안 되면 안 살게요."

당시 금융기관에서 대출받기 어려운 시기였습니다. 목사님도 대출이 안 될 거라 생각하셨던 것 같습니다.

그런데 신협에서 대출이 가능하다는 소식이 들려왔습니다. 부동산에서는 제2금융권은 이자가 높다며 제1금융권의 은행 지점장님을 소개해 주었습니다. 보통은 은행을 직접 찾아가야 하지만, 이분은 오히려 부동산으로 찾아오셨습니다. 심지어 "은행까지 오시기 불편하실 테니 사택으로 방문하겠다"고 말씀하셨습니다.

혹시나 하는 마음에 은행에 전화를 걸어 신원을 확인했는데, 실제 지점장님이 맞았습니다. 다음 날, 지점장님은 사택을 방문하셨고 대출 서류를 설명해 주시며 도장을 찍으셨습니다.

그 순간 제 마음에 강한 감동이 찾아왔습니다.

'이분에게 복음을 전해야겠다.'

저는 두 시간 동안 복음을 전했습니다.

그러자 지점장님은 말씀하셨습니다.

"사실 저는 은퇴가 며칠 안 남았습니다. 경제적으로 안정되었지만 요즘 마음이 공허해서 절이나 성당, 교회 중 어디를 다녀야 할지 고민 중이었습니다. 그런데 오늘 사모님의 말씀을 듣고 하나님이 저를 교회로 인도하셨다는 생각이 들었습니다. 감사합니다."

그리고 지점장님은 우리와 함께 예수님을 영접하셨습니다.

하나님께서 하신 놀라운 일은 여기서 끝이 아니었습니다. 그 건물을 사고 6개월이 지나자, 재개발 발표가 나면서 건물 가치는 두 배 이상으로 상승했습니다.

하나님은 항상 예비하시고, 때에 맞게 인도하십니다. 그리고 우리의 작은 만남을 통해서도 천하보다 귀한 한 영혼이 구원받는 놀라운 일을 행하십니다.

제5부
사역과 영적 전쟁

1. 철야기도 속에 올린 작은 고백

"여호와께서 집을 세우지 아니하시면 세우는 자의 수고가 헛되며, 여호와께서 성을 지키지 아니하시면 파수꾼의 깨어 있음이 헛되도다"(시편 127:1).

저희 시부모님께서는 생전에 교회 근처에 위치한 아파트를 소유하고 계셨습니다. 그 아파트는 지어진 지 47년이 지나 결국 재개발로 철거되었고, 현재 그 자리에는 새로운 아파트가 건설되고 있습니다.

저희 목사님은 4대 독자 외아들이셨기에, 시아버님께서 생전에 목사님 앞으로 아파트를 증여해 주셨습니다. 증여 당시 아파트 시세는 약 5억 원이었으나, 세월이 흐른 뒤 재개발로 인해 분양 당시 16억 5천만 원에 완판되었다고 합니다.

재개발 관련 정보를 공유하는 단체 카카오톡 방이 있었는데, 어느 날 '동·호수 추첨'에 대한 안내 메시지가 올라왔습니다. 추첨은 사람이 직접 뽑는 방식이 아닌, 컴퓨터를 통한 자동 추첨 방식이었습니다. 안내문을 보니 A동과 B동으로 나뉘어 있었고, A동은 남향이라 채광이 좋고 전망이 탁 트여 있었으며, B동은 북서향으로 맞은편 아파트가 시야를 가려 다소 어두운 환경이었습니다.

그 설명을 읽는 순간, 마음속으로 'A동이 되었으면 좋겠다'는 소망이 생겼습니다. 전도사님과 대화를 나누던 중 아파트 추첨 이야기를 꺼내자, 전도사님은 웃으며 말씀하셨습니다.

"하나님은 사모님 기도를 잘 들어주시니까, A동이 될 것 같아요."
그 말을 들은 저는 추첨 전날 밤, 하나님께 기도드렸습니다. 그러나 "하나님, A동이 되게 해주세요."라고 직접적으로 구하는 것이 왠지 죄송스러웠습니다. 그래서 방언으로 기도하며 제 마음을 하나님께 내어놓았습니다.
"하나님, 아시지요? A동은 남향이고, 전망도 탁 트여 있습니다. 추첨은 무작위로 진행된다지만, A동에 좋은 층을 허락해 주세요."
그저 마음으로만 드린 고백이었습니다.
다음 날 추첨 결과가 발표되었고, 저는 조심스럽게 카톡을 확인했습니다. 놀랍게도 저는 A동에 당첨되었습니다. 게다가 20층 중 딱 중간층인 11층이 배정된 것이었습니다.
만약 B동이 되었더라도, 새 아파트를 받게 된 것만으로도 충분히 감사한 일이었습니다. 그러나 하나님께서는 제가 가장 원했던 A동에, 적당한 층수까지 허락해 주셨습니다.
그 순간 깨달았습니다. 철야기도 중 방언으로 드렸던 그 작은 고백조차 하나님께서 들으시고 응답해 주셨구나.

우리가 방언으로 기도할 때, 다양한 마음을 품고 하나님께 기도하게 됩니다. 하나님은 우리가 말로 표현하지 않아도, 마음에 품은 소원까지도 아시고 은혜를 베풀어 주십니다.

이번 일을 통해 저는 다시 한 번, 하나님의 세밀하신 역사하심을 경험했습니다.

주님께서는 우리의 작은 소원까지도 기억하시고 채워 주신다는 것을 확신하게 되었습니다.

2. 다른 신들을 섬기지 말라

"너는 나 외에는 다른 신들을 네게 두지 말라"(출애굽기 20:3).

이 계명은 하나님 외에 다른 신을 섬기지 말라는 분명한 명령입니다.

우리는 보통 '다른 신'이라고 하면 절에 있는 불상이나 형상화된 우상을 떠올립니다. 하지만 현대를 살아가는 우리에게 '다른 신'은 꼭 눈에 보이는 형상이 아닙니다. 시대가 변하면서 사람들이 우상처럼 섬기는 것들이 달라졌을 뿐, 여전히 하나님보다 더 중요하게 여겨지는 것들이 있습니다.

그중 하나가 '쾌락의 신'입니다. 오늘날 남녀노소를 가리지 않고 쾌락에 사로잡혀 살아가는 모습을 많이 보게 됩니다. 성적인 유혹에 빠지는 사람들이 점점 늘어나고 있으며, 심지어 초등학생조차 불법 성인물을 접하고 죄를 짓는 현실입니다.

음란한 영상과 콘텐츠에 쉽게 노출되다 보니 많은 사람이 음란의 영에 사로잡혀 헤어나오지 못합니다. 이러한 중독이 심해지면 성령이 아닌 음란의 영에 의해 지배당하게 되고, 특정 시간이 되면 음란한 생각과 영상에 대한 충동이 계속해서 밀려옵니다. 그때마다 이를 끊고자 하지만 쉽지 않습니다.

혹시 믿는 성도 중에서도 이러한 죄에 빠져 괴로워하는 분이 있다면, 반드시 주님 앞에 나아가 기도해야 합니다.

"주님, 저에게 예수님의 보혈을 부어주십시오. 이 음란의 영이 떠나가게 하소서!"라고 기도하며 마귀를 대적해야 합니다. 마귀는 우리가 저항하지 않으면 계속해서 우리를 죄로 이끌기 때문입니다.

성경에서도 "죄가 문 앞에 엎드려 있다"(창 4:7)고 말씀하셨습니다. 죄가 마음속에 자리 잡으면 반복적으로 빠져들 수밖에 없습니다. 그렇기에 우리는 대적하며 기도해야 합니다.

"예수님의 이름으로 명하노니, 내 안에서 더러운 영들이 떠나갈지어다!"

쾌락만이 아닙니다. 음식도 또 다른 신이 될 수 있습니다. 어릴 적만 해도 밥과 김치만으로 충분했던 식사가, 요즘에는 다양한 미디어를 통해 음식 문화가 과도하게 소비되는 모습을 볼 수 있습니다. TV에서는 온종일 맛집을 소개하고, 유튜브에는 '먹방' 콘텐츠가 넘쳐납니다.

사람들은 전국을 돌아다니며 맛집을 찾아다니고, 더 자극적이고 화려한 음식을 경험하려 합니다. 물론 맛있는 음식을 즐기는 것이 잘못된 것은 아닙니다. 하지만 그것이 삶의 중심이 되고, 먹는 것 자체가 목적이 되어버린다면 결국 음식이 우상이 되는 것입니다.

게임과 오락도 신이 될 수 있습니다. 예전에는 단순한 오락실 게임을 즐겼지만, 요즘은 도박과 결합된 온라인 게임과 성인 오락실이 큰 문제로 떠오르고 있습니다.

　얼마 전, 제가 소유한 건물의 임대 계약이 끝난 후, 부동산에서 연락이 왔습니다.

　"성인 오락실을 운영하고 싶다는 사람이 나타났습니다."

　처음에는 단순한 오락 공간인 줄 알고 아들에게 물어보았습니다. 그런데 아들은 단호하게 말했습니다.

　"엄마, 절대 주시면 안 돼요. 성인 오락실은 도박과 음란한 영상이 가득한 곳이에요!"

　결국 저는 부동산에 성인 오락실은 계약할 수 없다고 거절했습니다. 하지만 부동산에서는 다시 연락을 해왔습니다.

　"월세를 두 배로 드리겠습니다."

　결국 돈의 유혹이 들어온 것입니다. 그러나 하나님을 믿는 우리가 돈을 이유로 죄를 조장해서는 안 됩니다.

　현대 사회에서 또 하나의 강력한 우상은 '성공'입니다. 부모들은 자녀를 키우면서 좋은 대학에 보내고, 높은 스펙을 쌓게 하고, 안정적인 직업을 갖도록 하는 데 집중합니다. 그러나 어느 순간, 이 성공이 하나님보다 더 중요해지면 문제가 됩니다.

　"엄마, 목동의 교회는 중고등부 학생들이 공부를 정말 열심히 해요. 그런데 예배 외의 다른 행사에 참여하는 걸 부모님들이 싫어하세요. 시험 기간이 되면 예배까지 빠지라고 해요."

　시험이 다가오면 학생들은 "오늘은 공부해야 하니까 예배를 빠질게요."라고 말하고, 부모들은 쉽게 "그래, 그냥 공부해라."라고 허락합니다.

이렇게 하다 보면 결국 출세와 성공이 하나님보다 더 중요한 우상이 되어버립니다.

돈 역시 현대인이 쉽게 빠지는 우상입니다. 성경은 "돈을 사랑함이 일만 악의 뿌리"(딤전 6:10)라고 말씀하셨습니다. 그러나 많은 사람들은 돈을 벌기 위해 투기하고, 로또를 사며, 단번에 큰 부를 얻고 싶어 합니다.

어느 날, 한 청년이 저에게 말했습니다.

"사모님, 제가 매주 로또를 사요. 당첨되면 하나님을 위해 좋은 일에 쓰려고요."

그러나 로또에 당첨되기도 어렵겠지만, 그 물질을 하나님을 위해 사용할 수 있을지 의문입니다. 우리는 '돈'을 섬길 것이 아니라 '주님'을 섬겨야 합니다.

하나님이 우리의 중심이 되어야 합니다.

결국 하나님 외에 어떤 것도 우리의 삶에서 가장 중요한 자리를 차지해서는 안 됩니다. 우리가 진정한 신앙을 지키며 살아가려면,

- 쾌락보다 하나님을
- 성공보다 믿음을
- 돈보다 신앙을
- 가족보다 예배를
- 내 생각보다 하나님의 뜻을

우선해야 합니다.

우리의 삶이 오직 하나님을 가장 우선으로 삼고, 그분을 섬기는 삶이 되기를 소망합니다.

3. 나의 의로운 오른손으로 너를 붙들리라

"아무것도 염려하지 말고 오직 모든 일에 기도와 간구로 너희 구할 것을 감사함으로 하나님께 아뢰라. 그리하면 모든 지각에 뛰어난 하나님의 평강이 그리스도 예수 안에서 너희 마음과 생각을 지키시리라"(빌립보서 4:6-7).

저는 '위로하시는 하나님'을 묵상하며 제 인생에서 가장 힘들었던 순간들을 떠올렸습니다. 그중에서도 30대 초반, 제 삶에 극심한 위기가 찾아왔던 때가 있었습니다.

그때 저는 '이 문제를 해결할 수 있는 길은 오직 하나님께 기도하는 것뿐이다'라는 마음이 들었고, 곧바로 강원도의 기도원으로 향했습니다. 대성전에서 기도할 자리를 찾으며 방석을 들고 이곳저곳을 살피다가, 문득 '성전 한가운데에 앉아 기도하고 싶다'는 강한 감동이 왔습니다. 저는 그곳에 방석을 깔고 하나님 앞에 무릎을 꿇었습니다.

"하나님, 제 인생에 쓰나미처럼 거센 어려움이 몰려왔습니다.
이 문제를 제 힘과 능력으로는 도저히 해결할 수 없습니다.
하나님의 도우심이 필요해서 이렇게 기도하러 왔습니다."
그렇게 주님 앞에 눈물과 콧물을 쏟으며 회개 기도를 드렸고, 깊은 방언 기도에 들어갔습니다. 약 두 시간 동안 통곡하며 방언으로 기도하는데, 제 마음 깊은 곳에서 하나님의 음성이 들려왔습니다. 그 말씀은 바로 이사야 41장 10절이었습니다.

> "두려워하지 말라. 내가 너와 함께 함이라 놀라지 말라. 나는 네 하나님이 됨이라. 내가 너를 굳세게 하리라. 참으로 너를 도와주리라. 참으로 나의 의로운 오른손으로 너를 붙들리라."

그 말씀을 듣는 순간, 놀라움과 감동이 밀려왔습니다. 그리고 그 즉시, 제 마음을 짓누르던 아픔과 상처, 쓰나미 같은 절망이 눈 녹듯 사라지고, 그 자리에는 하나님의 평강이 물밀듯 흘러들어오는 것을 경험했습니다.

혹시 지금 여러분의 삶에도 하나님의 위로가 필요한 순간이 있습니까?

혹은 내 힘으로는 도저히 해결할 수 없는 문제 앞에서 절망하고 계십니까?

주님께 나아가 기도하면 주님의 평강이 임할 것입니다.

그러면 하나님께서 참된 위로를 주시고, 넘을 수 없을 것 같은 어려움을 이길 힘과 평안을 허락하실 것입니다.

기도를 마치고 집으로 돌아와 보니, 태산 같던 문제들이 해결되어 있었습니다.

살아계신 나의 하나님을 영원히 찬양합니다.

4. 여호와는 너를 지키시는 이시라

"여호와께서 너를 지키시는 이시라. 여호와께서 네 오른쪽에서 네 그늘이 되시나니"(시편 121:5).

제 첫째 아들이 네 살 무렵의 일입니다. 우리 가족과 교회 성도들이 함께 설악산으로 여행을 간 적이 있었습니다. 케이블카를 타고 산 정상에 올랐을 때, 아들이 갑자기 저를 부르며 말했습니다.

"엄마, 저기 예수님이 계셔! 예수님이 구름 위에 앉아 계셔."

그 말에 저는 아들이 가리키는 곳을 바라보았지만, 그곳에는 예수님이 아니라 거대한 불상이 있었습니다.

"아니야, 저건 불상이야."

그러나 아들은 단호하게 말했습니다.

"아니야, 엄마. 구름 위에 예수님이 앉아 계셔. 나를 보고 계셔."

그때 저는 그냥 웃으며 지나쳤지만, 아들은 나중에 이렇게 말했습니다.

"엄마, 나는 정말 구름 위에 예수님이 계신 걸 봤는데, 엄마가 자꾸 아니라 그래서 그냥 넘어갔어요."

그러면서 덧붙였습니다.

"그 순간, 내가 펄쩍 뛰면 예수님께 안길 수 있을 것 같았어. 그래서 한순간 뛰어내릴까 하는 생각도 했었어."

그 이야기를 듣고 저는 가슴이 철렁했습니다. 만약 그때 아들이 펄쩍 뛰었다면 큰 사고로 이어졌을지도 모릅니다.

아들이 장성한 후, 그는 뜻밖의 이야기를 털어놓았습니다.

"엄마, 강원도 기도원에 갔을 때 나 한탄강에서 빠져 죽을 뻔했어요."

기도원에서 여름 집회가 열렸을 때, 그곳에는 약 5,000명이 모였습니다. 당시 기도원 목사님께서는 "한탄강에는 귀신이 많아서 사람을 잡아먹습니다. 절대 강에 내려가서는 안 됩니다."라고 여러 번 강조하셨습니다.

저와 남편도 아이들에게 절대 한탄강에 내려가지 말고 마당에서만 놀라고 주의를 주고 집회에 참석했습니다. 그런데 아이들은 초등학생이라 호기심이 많았습니다. 결국 몰래 강가로 내려가 모래사장에서 놀다가 위험한 상황을 맞이하게 되었습니다.

강가에는 넓은 모래사장이 있었는데, 아이들이 모래성을 쌓으며 놀던 중 갑자기 땅이 꺼지기 시작한 것입니다. 동생은 육지 쪽 가까이에 있었기에 바로 빠져나왔지만, 첫째 아들은 강 쪽 가까이에 있어서 오른발이 깊숙이 빠졌습니다. 순간 땅이 무너져 내리면서 발버둥을 쳤고, 간신히 모래에서 빠져나왔습니다.

저에게 이야기를 하면 혼날까 봐 성인이 되어서야 털어놓은 것이었습니다. 아들은 이렇게 고백했습니다.

"엄마, 나 정말 그때 죽을 뻔했어요."

하나님께서 우리 아들을 그때도 지켜주셨음을 깨닫고 감사했습니다.

첫째 아들의 초등학교 때 일입니다. 어느 날 밤, 저는 기도를 마치고 집으로 돌아가던 중 늦게까지 영업하는 떡볶이집에 들렀습니다. 평소 야식을 좋아했던 저는 떡볶이와 어묵을 사려고 했는데, 그때 떡볶이집 아주머니께서 갑자기 말씀하셨습니다.

"아드님, 사고 난 거 괜찮아요?"

순간 깜짝 놀라며 되물었습니다.

"아들이요? 저희 아들이 사고가 났다고요?"

그러자 아주머니는 낮에 제 아들이 교통사고를 당했다고 말씀하셨습니다. 오토바이 기사가 아들을 병원으로 데려갔다고 했지만, 저는 전혀 모르고 있던 일이었습니다. 놀란 마음으로 집으로 달려갔습니다.

그런데 아들은 멀쩡히 있었습니다.

"엄마, 중국집 오토바이 배달하시는 아저씨가 나를 쳤어요."

떡볶이집 아주머니는 아들이 오토바이와 부딪혀 공중으로 붕 떠올랐다가 땅에 떨어졌다고 설명하셨습니다. 저는 크게 다쳤을 거라 생각하며 아들에게 물었습니다.

"괜찮아? 어디 다친 데 없니?"

그런데 아들은 아무렇지도 않다는 듯 말했습니다.

"그분이랑 같이 병원에 가서 엑스레이도 찍었는데, 아무 이상 없다고 해서 그냥 왔어요."

다음 날, 사고를 낸 중국집 배달원이 찾아와 죄송하다며 보상 문제를 이야기했습니다. 그러나 저는 "괜찮아요. 안 다쳤으니 감사하죠."라고 말하며, "배달원님도 예수님을 믿으시면 좋겠습니다."라고 전했습니다.

배달원님은 "저도 예수님을 꼭 믿겠습니다."라고 대답하셨고, 그것은 정말 감사한 일이었습니다.

이 이야기를 들은 중국집 사장님은 감동을 받으셨고, 다음 날 탕수육을 비롯한 다양한 중국 음식을 한 상 가득 보내주셨습니다. 개척교회를 할 때라 짜장면 한 그릇도 귀했던 시절, 온 가족이 함께 맛있게 먹으며 "하나님, 이렇게 맛있는 음식을 주셔서 감사합니다."라고 기도했던 기억이 납니다.

우리 인생은 때때로 질병과 사고로 인해 죽을 위기를 맞이합니다. 그러나 하나님께서는 보이지 않는 손길로 우리를 지키시고 보호하십니다. 오늘 이 순간까지 우리가 살아 있는 것은 하나님의 은혜와 보호하심 덕분입니다. 그분의 신실한 보호하심이 있기에 우리는 오늘도 하나님의 전에서 예배드릴 수 있습니다.

이 모든 것이 주님의 은혜임을 믿으며, 오직 하나님께 영광을 돌립니다.

5. 다양하게 임하시는 성령의 기름 부음

"너희는 주께 받은바 기름 부음이 너희 안에 거하나니 아무도 너희를 가르칠 필요가 없고 오직 그의 기름 부음이 모든 것을 너희에게 가르치며 또 참되고 거짓이 없으니 너희를 가르치신 그대로 주 안에 거하라"(요한일서 2:27).

어느 목요일, 한 남자 집사님이 상담을 요청하셨습니다. 이야기를 들어보니 그는 삶의 여러 문제로 눌려 있었고, 심적으로도 많이 지쳐 있었습니다.

전날인 수요일, 먼 안양에서 이곳까지 오셔서 성전에서 기도하고 가야겠다고 생각하셨다고 합니다. 그렇게 오전부터 성전에 머물며 기도를 시작했는데, 눈을 감자마자 갑자기 눈앞에 환한 빛이 내려오는 것이 보였다고 하셨습니다. 동시에 몸이 따뜻해지는 느낌이 들었고, 신기한 마음으로 계속 방언으로 기도하기 시작했습니다.

그런데 기도하는 동안 갑자기 그의 팔이 저절로 움직이기 시작했습니다. 마치 물속에서 헤엄치듯 팔이 움직이더니, 한참 후에는 몸이 저절로 눕혀지면서 배영을 하는 것처럼 팔이 뒤쪽으로 움직였다고 하셨습니다. 처음 겪는 일이었기에 너무 놀라 '내가 왜 이러지? 팔이 왜 이렇게 저절로 움직이는 거지?'라는 생각이 들었지만, 계속 기도하는 가운데 마음이 평안해졌다고 합니다.

또한 기도 중에 강력한 회개의 영이 임하여, 다른 사람을 의식할 겨를도 없이 통곡하며 회개기도를 드리게 되었다고 하셨습니다. 그렇게 한참을 기도하고 나니, 이번에는 팔이 양쪽으로 벌어지더니 마치 독수리처럼 비행하는 듯한 자세가 되었고, 그러다가 손이 모아지며 저절로 춤을 추는 듯한 움직임이 나왔다고 합니다.

그는 순간 '성경에 절제가 성령의 열매라고 하는데, 이거 절제해야 하는 거 아닌가?'라는 생각까지 하면서도, 결국 2시간 동안 영에 속한 기도를 계속 이어가게 되었습니다.

그렇게 강한 성령의 임재를 경험한 후 그는 저에게 질문하셨습니다.

"사모님, 저는 태어나서 이런 경험을 한 적이 한 번도 없는데, 도대체 이게 무엇인가요?"

저는 웃으며 대답했습니다.

"성령의 기름 부으심입니다. 하나님께서 집사님에게 특별한 기름을 부어주신 거예요."

그는 놀라면서도 깊은 은혜를 받은 듯한 표정이었습니다. 하나님께서 다양하게 역사하시는 성령의 기름 부으심을 나누며, 함께 은혜를 나누는 귀한 시간이었습니다.

6. 어떤 교회가 큰 교회인가

"그가 빛 가운데 계신 것 같이 우리도 빛 가운데 행하면 우리가 서로 사귐이 있고 그 아들 예수의 피가 우리를 모든 죄에서 깨끗하게 하실 것이요"(요한일서 1:7).

여수에서 배를 타고 8시간을 들어가야 하는 작은 섬에서 한 사모님께 전화가 걸려왔습니다.

"임은진 사모님! 저는 여수에서 배를 타고 이 작은 섬에 들어와 살고 있습니다."

사모님은 남편 목사님과 함께 그 섬에서 목회를 하고 계셨습니다. 섬에는 몇 가정의 성도들이 살고 있었고, 그분들을 위해 교회를 떠날 수 없다고 하셨습니다. 그러나 사방이 바다로 둘러싸인 환경 속에서 사모님은 여러 질병을 앓게 되셨고, 머리부터 발끝까지 아프지 않은 곳이 없었습니다. 병명을 얘기하시는데 백혈병, 심장질환 등 여덟 가지가 있었습니다. 몸의 병도 힘들었지만, 더 고통스러운 것은 마음의 병이었습니다. 오랜 외로움과 어려움 속에서 깊은 우울증이 찾아왔고, 점점 자살 충동까지 느끼게 되었다고 합니다.

"8년 동안 전신에 질병이 있었고, 매일 죽고 싶었습니다."

말하시며 저를 찾아오고 싶다고 하셨습니다. 그러나 저는 염려되어 말씀드렸습니다.

"그 먼 곳에서 어떻게 오시겠어요? 제가 전화로 기도해 드릴게요."

그리고 전화로 간절히 기도해 드렸습니다. 기도하는 중에 주님께서 제 마음에 강하게 말씀하셨습니다.

"건물이 크다고 큰 교회가 아니고, 건물이 작다고 작은 교회가 아니다. 예수의 피가 많이 뿌려진 교회가 큰 교회고, 예수의 피가 적게 뿌려진 교회가 작은 교회다."

그 말씀에 깊은 감동이 밀려왔습니다.

그렇게 사모님을 위해 치유기도를 드렸는데, 놀라운 일이 일어났습니다. 단 한 번의 기도로 사모님은 머리부터 발끝까지 있었던 여덟 가지 질병뿐만 아니라, 깊은 우울증까지 완전히 치유되신 것입니다. 사모님은 너무나 감사한 마음에 먼 길을 마다하지 않고 저희 교회를 직접 찾아오셨습니다. 그리고 하나님께서 행하신 살아 있는 기적을 간증하시며, 함께 기쁨과 감사를 나누었습니다.

오늘도 하나님은 살아계시고, 놀라운 역사를 이루고 계십니다.

7. 잃어버린 아이를 찾았어요

"너희 중에 어떤 사람이 양 백 마리가 있는데 그 중의 하나를 잃으면 아흔아홉 마리를 들에 두고 그 잃은 것을 찾아내기까지 찾아다니지 아니하겠느냐? 또 찾아낸 즉 즐거워 어깨에 메고 집에 와서 그 벗과 이웃을 불러 모으고 말하되 나와 함께 즐기자 나의 잃은 양을 찾아내었노라 하리라"(누가복음 15:4-6).

과거 한 집사님이 제 책을 읽고 목요 영성 집회에 참석하셨습니다. 예배 후, 저는 그 집사님과 상담 시간을 가졌습니다.

집사님은 오랫동안 신앙생활을 하면서도 방언의 은사를 받지 못했는데, 집에서 제 책을 다 읽고 그 자리에서 기도하다가 방언의 은사를 받았다며 기뻐했습니다. 그 후 집사님은 정기 집회에 몇 번 더 참석하셨고, 어느 집회 때에는 떡과 과일까지 준비해 오셔서 집회에 참석한 모든 분들에게 대접하시기도 했습니다.

이후 시간이 지나 집사님이 자녀 둘을 데리고 기도를 받으러 오셨습니다. 두 아이를 위해 기도해 주고 나니, 집사님이 조심스럽게 물었습니다.

"사실 자식이 하나 더 있는데, 그 아이도 기도해 주실 수 있나요?"

"그럼요."

저는 흔쾌히 대답하면서도 한편으로는 '왜 한 아이는 나중에 기도를 받으신 걸까?' 하는 의문이 들었습니다. 나중에 기도를 받은 아이의 기도 내용은 앞서 기도한 두 아이의 내용과는 전혀 다르게 나타났습니다.

환상으로 보니 그 아이는 추운 겨울, 놀이터 그네에 홀로 앉아 있는 외로운 모습이었습니다. 실제로 그 아이는 춥고 외롭고 쓸쓸한 삶을 살고 있었으며, 주님께서 사람을 통해 그 아이를 도와주실 것이라는 기도가 나왔습니다.

가끔 기도해 준 내용이 궁금해질 때면, 저는 주님께 다시 묻곤 합니다. 그리고 그때 집사님은 자신의 사연을 털어놓았습니다.

집사님은 결혼 후 경제적으로 어려운 상황 속에서 아이를 키우기가 힘들어, 어쩔 수 없이 한 아이를 다른 곳으로 입양을 보냈다고 했습니다. 하지만 자신이 낳은 자식이기에 늘 잘 살고 있는지 궁금해하며 기도를 해왔다고 합니다. 그런데 뜻밖에도 예언 기도에서 그 아이가 힘들어하고 있다는 메시지를 받게 되자 집사님은 큰 근심에 빠졌습니다.

시간이 지나 송구영신 예배 때 그 집사님은 세 자녀를 모두 데리고 교회에 나오셨습니다. 잃어버렸던 아이까지 되찾아 함께 온 것입니다.

저는 성도들과 교제하느라 바빠서 긴 이야기를 듣지는 못했지만, 속으로 '도대체 무슨 일이 있었던 걸까?' 하는 궁금증이 들었습니다.

처음 제가 은사가 열려 많은 사람들에게 기도해 주기 시작했을 때,

저는 기도 내용을 모두 기억하려고 했었습니다. 그러나 그것이 너무 벅차 머리가 아플 지경이었습니다. 그 후로 저는 이렇게 기도했습니다.

"주님, 기도해 준 내용을 다 잊어버릴지언정, 필요할 때에는 모두 생각나게 해주세요."

그리고 신기하게도, 기도 받은 사람들이 찾아와 과거의 예언 기도를 이야기하면, 저도 기도해 준 내용이 새록새록 떠오르곤 했습니다.

예배 후 대화를 나누던 중, 남편 되시는 분이 눈물을 흘리며 감사하다는 고백을 하셨습니다.

'무슨 일이 있었던 것일까?'

궁금한 마음에, 식사를 하러 가는 길에 차 안에서 집사님에게 조심스럽게 물어보았습니다.

그러자 집사님은 마치 드라마 같은 이야기를 들려주었습니다.

"첫 아이를 낳고 힘든 환경 속에서 둘째 아이를 가졌어요. 우리 형편을 알고 계시던 고모가 몸조리를 해 주시면서, 막 태어난 둘째를 맡아 키워주시겠다고 하셨어요. 그래서 잠시 맡겼다가 다시 찾아오려고 했었죠.

그런데 셋째 아이가 생기면서 둘째를 찾아올 수 없게 됐어요. 정신없이 둘째 없이 두 아이를 키우며 살다가, 어느 날 고모네 집을 찾아갔더니, 고모가 우리 둘째 아이를 부잣집에 입양을 보내버린 상태였어요.

그동안 둘째를 위해 기도만 하고 있었는데, 사모님께서 기도해 주시면서 그 아이가 힘들어하고 있다고 하셨잖아요? 집에 돌아가서 고

제5부 치유와 기적의 역사 • 175

모에게 전화를 걸었어요. 그리고 기도 받은 이야기를 전했더니, 고모는 그런 예언 기도를 믿느냐며 화를 내며 전화를 끊어 버리셨어요. 그래도 저는 포기할 수 없었어요. 다시 전화를 걸어 그 아이가 잘 살고 있는지 확인만이라도 하고 싶다고 했어요. 잘 살고 있다면 그대로 두겠다고 약속을 했죠.

그런데 고모가 확인을 해보니, 기도 받은 내용과 정확히 일치하는 상황이었어요.

아이를 입양한 부모는 이미 이혼한 상태였고, 양엄마는 다른 남자와 결혼해서 서울에서 살고 있었어요. 양 아빠는 술과 폭력 속에서 살고 있었고, 아이는 친척 집을 전전하며 생활하고 있었어요.

양 아빠에게 가서 아이를 돌려달라고 했지만, 거절당했어요. 그래서 서울에 있는 양 엄마를 찾아가 사정을 이야기했어요. 그러자 그분이 아이가 다니는 학교에 가서 직접 데려다가 저에게 보내 주셨어요.

그리고 양 엄마가 이혼한 남편을 만나, 아이의 장래를 위해서라면 자신들보다 형편이 나아진 친부모에게 돌려보내는 것이 맞다고 설득해 주었어요. 그렇게 해서 우리 아이를 다시 데려올 수 있었어요."

저는 이 간증을 차 안에서 들으며 눈물이 쏟아졌습니다.

한 사람을 위한 예언 기도가 그의 인생을 살릴 수도, 반대로 돌이킬 수 없는 길로 갈 수도 있다는 사실을 깨닫고, 저를 사용하시는 하나님 앞에 감사할 수밖에 없었습니다.

8. 아들을 위한 어머니의 간구

"예수께서 돌이켜 그들을 향하여 이르시되 예루살렘의 딸들아 나를 위해 울지 말고 너희와 너희 자녀를 위해 울라"(누가복음 23:28).

지방에서 부흥회를 인도하던 중, 그 교회의 담임목사님과 대화를 나누게 되었습니다. 목사님은 자기 아들이 기독교 정신으로 세워진 한동대학교에 다닌다며 자랑스럽게 말씀하셨습니다. 10여 년 전만 해도 한동대학교는 지방에 위치했지만, 1등급을 받아야만 입학할 수 있을 정도로 수준 높은 명문 대학이었습니다. 저도 둘째 아들을 기독교 명문 대학에 보내고 싶은 간절한 마음이 생겼습니다. 그러나 아들은 중학교 때 필리핀에서 1년간 유학하며 정규 과정을 다 마치지 못해 영어 외 다른 과목에서 성적이 뒤처졌기에 당시 한동대학교는 수시 지원조차 불가능한 상황이었습니다.

아쉬운 마음으로 하나님께 기도하던 중, 성령님께서 원서를 접수하라는 감동을 주셨습니다. 그래서 아들에게 여섯 개의 수시 지원 대학 중 하나는 한동대학교로 하자고 권했지만, 아들은 가망이 없다며 단호히 거절했습니다. 결국, 작은 전쟁과도 같은 시간이 시작되었습니다.

 마침 작은 아들이 다니는 고등학교에서 대학 입시 설명회가 열려 참석하게 되었습니다. 담임선생님과 상담을 하면서 현실적인 조언을 들었지만, 그 내용은 저를 실망스럽게 했습니다. 선생님은 현재 아들의 성적으로는 서울권 대학은 어렵고, 수도권 하위권 대학이나 지방 대학을 중심으로 지원하는 것이 좋겠다고 조언하셨습니다. 그 말씀을 듣는 순간 마음이 무거워졌고, 하나님께 더욱 간절히 기도드렸습니다. 저는 작은 아들이 기독교 정신이 살아 있는 한동대학교에 가기를 원했습니다. 그때 하나님께서 환상을 통해 응답하셨습니다. 광화문 광장의 이순신 장군 동상을 보여주시며, 작은 아들을 믿음의 용사로 키우길 원하시고 한동대학교로 보내기를 원하신다는 확신을 주셨습니다.

 마지막 순간, 저는 남편에게 도움을 요청했습니다. 언제나 저의 조력자이자 동반자인 남편은 아들을 불러 단호한 목소리로 말했습니다.

"원서 한 군데 안 낸다고 생각하고 어머니 소원을 들어드려라."

 결국, 아들은 마지못해 원서를 접수했습니다. 하지만 자기소개서와 지원 동기를 제출해야 했음에도 작성하지 않았습니다. 저는 속이 타들어 갔고, 다시 남편에게 도움을 요청했습니다. 그러자 남편은 그러면 우리가 직접 써주자며 아들의 삶과 지원 동기를 정성껏 정리해 주었습니다. 아들은 그 원고를 보고 부모의 마음에 감동한 듯 직접 수정하여 마지막 날 간신히 서류를 접수했습니다.

1차 합격자 발표 날, 아들은 기대조차 하지 않았고 확인할 생각도 없었습니다. 결국 제가 재촉하여 확인하도록 했습니다. 결과는 놀랍게도 1차 합격이었습니다! 하나님께서 아들에게 한동대학교 1차 합격이라는 큰 은혜를 베풀어 주신 것입니다.

  면접 당일, 한동대학교 대강당에는 많은 학부모와 학생들로 붐볐습니다. 면접 안내자는 학부모들에게 학교를 둘러보며 기다리라고 했지만, 저는 '아들이 이 학교에 오지 못한다면 둘러보는 것이 무슨 의미가 있을까? 그 시간에 차라리 기도를 하자.'라는 마음이 들었습니다. 그래서 강당에서 아들을 위해 간절히 기도했습니다.

  첫 번째 기도 제목은 '아들이 면접에서 말을 술술 잘하게 해주세요.'였고, 두 번째는 '아들이 수능 영어에서 한 문제만 틀렸는데, 면접관들에게 이를 잘 이야기하여 영어 실력을 인정받게 해주세요.'였습니다.

  기도에 집중하고 있을 때, 누군가 제 어깨를 살며시 두드렸습니다. 눈을 떠보니 아들이 환하게 웃으며 서 있었습니다.

"엄마, 나 면접 진짜 잘 본 것 같아!"
  면접에서 질문에 막힘없이 대답했고, 면접관이 이번 수능 영어에서 몇 문제 틀렸냐 물어 한 문제 틀렸다고 답했더니, 면접관이 미소를 지으며 영어를 굉장히 잘한다며 또 보자고 말했다는 것입니다. 아들은 그 말이 합격을 의미하는 것처럼 들렸다고 했습니다.

  그리고 마침내 합격자 발표 날, 저는 궁금함을 참지 못하고 자고 있던 작은 아들을 깨워 확인해 보도록 했습니다. 아들은 이름과 수험번호를 입력한 후 결과를 눌렀고, 화면에는 선명하게 '합격'이라는 글자가 나타났습니다. 믿기지 않는 결과에 아들은 펄쩍 뛰며 기뻐했고, 저 역시 감격하며 하나님께 감사의 기도를 드렸습니다.

그러나 한동대학교에 입학한 후 첫 학기 성적은 900명 중 거의 꼴찌였습니다. 그제야 아들은 자신의 부족함을 절실히 깨닫고 매일같이 하나님께 지혜를 달라고 기도하기 시작했습니다. 놀랍게도 1학년 2학기 때 그는 전교 3등을 하여 전액 성적 장학금을 받았습니다. 이후 성적이 계속 우수하여 조기 졸업을 하였고, 단 한 번도 성적 장학금을 놓치지 않았습니다.

한동대학교 기도실에서 기도하던 중, 아들은 인격적으로 주님을 만나게 되었고 하나님의 음성을 듣게 되었습니다. 결국 1년 휴학 후 요르단으로 선교를 다녀오며 수많은 은혜를 경험했습니다. 방학 때마다 열방을 품고 기도하며 여러 나라로 단기 선교를 떠났습니다.

한동대학교를 통해 아들은 믿음의 용사로 훈련받고 복음과 선교를 위해 살아가는 삶을 시작했습니다. 졸업 후에는 주님의 부르심을 따라 총신대학교 신학대학원에 입학했습니다. 성적이 우수하여 3년 전액 장학금을 받았습니다. 추가로 두 곳에서 생활비 장학금도 받아 부모의 도움 없이 학업을 마칠 수 있었습니다. 대학원은 거의 장학금을 못 받는데 무려 세 곳에서 장학금을 받았습니다. 대학생 때부터 대학원까지 모든 장학금 받은 돈을 계산해 보니 7천만 원이나 되는 큰돈이었습니다. 이후 아들은 하나님의 지혜로 적지 않은 물질의 복까지 받는 은혜를 입었습니다. 아들은 교회 성전 건축에 큰 예물을 드렸고, 구제와 선교에도 힘쓰는 삶을 살고 있습니다.

9. 바람피운 남편의 회개

"그러므로 하나님이 짝지어 주신 것을 사람이 나누지 못할지니라"(마태복음 19:6).

오늘날 통계적으로 기혼자의 40~50%가 이혼을 합니다. 이제는 이혼이 더 이상 놀랄 일이 아니라, 그럴 만한 사정이 있겠거니 하고 자연스럽게 받아들이는 사회가 되어버렸습니다. 저는 사역을 하면서 이혼과 관련된 상담을 많이 해왔습니다. 그중에서도 한 부부의 이야기가 떠오릅니다.

이 가정은 사회적으로도 인정받는 훌륭한 부부였습니다. 두 사람 모두 학식이 높고 경제적으로 안정되어 있으며, 좋은 직장에서 근무하고 있었습니다. 특히 남편은 착하고 신앙생활도 열심히 해서 교회에서도 모범적인 집사로 평가받는 사람이었습니다. 하지만 어느 날, 그 남편이 바람을 피우게 되었습니다. 남편이 다니던 대기업에 미혼의 여직원이 있었습니다. 그 여직원은 남편에게 호감을 갖고 점점 더 가까이 다가갔습니다. 처음에는 단순히 커피를 마시고, 식사를 함께 하는 정도였지만, 여자가 문 앞에서 기다리며 차로 태워달라고 요청하고, 집에 데려다주면 식사까지 권하며 만남이 이어졌습니다. 그렇게 시간이 흐르면서 결국 부적절한 관계가 시작되었고, 두 사람은 12년 동안 아내 몰래 관계를 지속했습니다.

남편은 매주 주일이면 아내와 함께 교회에 가서 예배드리고, 봉사하며, 성도들에게 '집사님'이라 불렸습니다. 겉으로 보기엔 신앙이 좋은 사람처럼 보였지만, 결국 그의 불륜은 들통이 났고, 가정은 큰 위기를 맞게 되었습니다. 이런 상황이라면 보통 아내가 먼저 이혼을 요구할 것 같지만, 이 부인의 생각은 달랐습니다. 두 아이를 위해서라도 가정을 지키고 싶었던 것입니다. 상담을 받으러 온 아내는 눈물을 흘리며 이렇게 말했습니다.

"아무리 남편에게 그 여자와 헤어지라고 해도 들은 척도 하지 않아요. 오히려 저에게 강제로 이혼 도장을 찍으라고 해요. 하지만 저는 이혼하고 싶지 않아요. 남편이 바람을 피웠어도 용서하고, 다시 가정을 회복하고 싶어요. 그런데 남편은 계속해서 이혼을 요구합니다."

남편의 행동이 너무나 단호했기에 아내는 쉽게 결정을 내릴 수 없었고, 믿음이 좋은 언니의 권유로 저를 찾아 다시 상담을 받게 되었습니다. 남편과 함께 온 아내는 상담 내내 눈물을 흘리며 모든 상황을 이야기했습니다. 반면 남편은 무표정한 얼굴로 고개를 숙이고 있었습니다. 인상을 잔뜩 찌푸린 채, '빨리 상담이 끝났으면 좋겠다.'는 태도를 보였습니다. 저는 남편에게 조심스럽게 물었습니다.

"부인과 이혼하고 싶습니까?"

"네. 당장 이혼하고 싶습니다."

"이혼을 한 후, 그 여자와 결혼할 생각인가요?"

"네. 저는 그 여자를 사랑합니다. 이혼만 하면 그 여자와 결혼해서 새 인생을 살고 싶습니다."

순간 어떤 말로 이 남편을 설득해야 할지 막막했습니다. 이미 마음을 굳힌 사람이었고, 불륜 상대를 깊이 사랑하고 있다고 확신하는 모습이었습니다. 과연 어떤 말을 해야 그의 마음을 돌릴 수 있을까? 고민 끝에, 저는 복음의 메시지를 전하는 것 외에는 답이 없다고 생각했습니다.

"이 세상에서는 당신이 원하는 대로 살아갈 수 있습니다. 바람을 피우든, 죄를 짓든, 아무런 제재 없이 지낼 수도 있겠지요. 하지만 당신이 언젠가 죽어 하나님의 심판대 앞에 섰을 때, 하나님께서 이 죄를 용서하실까요?"

그에게 죄의 심각성을 깨닫게 하려 했습니다. 또, 여러 천국과 지옥의 간증을 들려주며 경각심을 일깨웠습니다.

"성경을 보면 목회자도, 성도도 죄로 인해 지옥에 갔다고 합니다. 당신도 집사라는 직분을 가지고 있지만, 이런 죄악 가운데 죽는다면 어떻게 될까요? 지옥에 떨어져 영원히 불 속에서 고통받을 거라는 생각을 해본 적 있습니까?"

남편은 제 말을 듣지 않는 것처럼 보였지만, 저는 계속해서 성령의 인도를 구하며 1시간 넘게 설득했습니다. 그러던 중, 남편의 태도에 미묘한 변화가 생겼습니다. 고개를 들고 저와 눈을 마주치더니, 처음으로 대화를 하려는 기색을 보였습니다. 저는 그때를 놓치지 않고 더욱 강하게 권면했습니다. 그러자 남편이 조용히 입을 열었습니다.

"제가 잘못한 걸 깨달았습니다. 그런데 같은 회사에서 2년 넘게 교제한 사이인데, 이제 어떻게 해야 할까요?"

저는 고민 끝에 남편에게 외국으로 나가라고 조언했습니다.

"같은 회사에 다니면서 계속 얼굴을 마주하는 한, 그 여자가 당신을 포기할 가능성은 희박합니다. 저는 집사님 부부가 외국으로 나가서 2~3년 정도 일을 하다 돌아오면 좋겠다는 생각이 듭니다."

남편은 잠시 생각에 잠기더니 말했습니다.

"사실 사우디아라비아 쪽으로 지원하면 나갈 수는 있는데, 월급은 많아도 고생이 심해서 지원하지 않고 있었어요."

저는 다시 한 번 권했습니다.

"하나님께서 가정을 지키도록 길을 열어주시는 것 같습니다. 이번 기회에 그곳으로 나가는 것이 좋겠습니다."

결국 남편은 제 말을 따르기로 했고, 사우디아라비아로 지원을 넣었습니다. 얼마 후, 아내로부터 전화가 걸려왔습니다.

"사모님, 남편이 사우디로 출국하기로 했어요. 그리고 그 여자와 완전히 관계를 정리했다고 해요."

그 말을 들으며 저는 하나님께서 이 가정을 다시 회복시켜 주셨음을 깨달았습니다. 처음에는 완강하게 이혼을 주장하던 남편이었지만, 하나님께서 역사하시자 마음이 변화되었고, 결국 가정을 지키기로 결정한 것입니다.

이 사례를 통해 다시 한 번 하나님의 역사하심을 확신하게 됩니다. 사람의 힘으로 해결할 수 없는 문제도 하나님께서 개입하시면 변화될 수 있다는 것을. 가정을 지키기 위해 싸우고 있는 모든 분들에게 하나님의 은혜가 함께하시기를 기도합니다.

10. 목사님의 절친 전도

"나의 형제 곧 골육의 친척을 위하여 내 자신이 저주를 받아 그리스도에게서 끊어질지라도 원하는 바로라"(로마서 9:3).

우리 목사님에게는 중·고등학교 시절 가장 친했던 친구가 있습니다. 하지만 목회를 시작하면서 자연스럽게 연락이 끊어졌고, 그렇게 몇십 년이 흘렀습니다. 그러다 60세가 넘어서야 다시 그 친구를 만나게 되었습니다. 이 친구분은 예수님을 믿지 않는 분이었습니다. 목사님은 늘 저에게 말씀하셨습니다.

"내가 중·고등학교 때 가장 친했던 친구야. 그런데 그 친구를 전도해야 하는데, 밥을 사주면서 전도하려고 애써도 복음을 받아들이지 않는 게 너무 마음이 아파."

그리고는 제게 부탁하셨습니다.

"혹시 당신이 내 친구를 만날 일이 있으면, 나 대신 전도 좀 해줘."
얼마 지나지 않아 그 친구분에게서 전화가 왔습니다.
"나 지금 네 집 앞을 지나가고 있는데, 점심 같이 먹자."

목사님은 주민센터 앞에서 만나기로 했지만, 막상 가보니 주차할 곳이 마땅치 않았습니다. 결국 친구분은 우리 아파트 주차장까지 들어오게 되었고, 목사님께서 자연스럽게 집에 올라와서 차 한 잔 하고 가라고 권하셨습니다. 그렇게 친구분은 얼떨결에 우리 집에 오게 되었습니다. 저는 '상황을 봐서 전도를 해야겠다.'라고 생각하고, 식사를 대접하며 차와 과일을 준비했습니다. 신앙에 대한 이야기를 자연스럽게 꺼내자 친구분은 옛날 기억을 떠올리며 말씀하셨습니다.

"사실 초등학교 6학년 때까지는 교회를 열심히 다녔어요. 그런데 중학교 1학년 때 교회에 갔는데, 헌금 바구니가 돌 때 친구들은 10원짜리 동전이라도 내는데, 나는 집이 가난해서 그 10원도 낼 수가 없어서 너무 창피하더라고요. 그때부터 교회를 안 나가게 됐어요."

그 후 63세가 될 때까지 교회를 다니지 않았다는 것입니다. 그 이야기를 들은 저는 조심스럽게 복음을 전했습니다.

"친구분을 위해 예수님께서 오셨고, 십자가에서 죽으셨습니다."

그 순간, 친구분의 눈에 눈물이 고이는 것이 보였습니다. 이어 저는 목사님께서 하셨던 말을 전했습니다.

"우리 목사님이 저한테 몇 번이나 친구를 전도하려고 밥을 사주고, 심지어 그 친구가 좋아하는 당구까지 쳐주면서 복음을 전하려고 하는데, 어떻게 해야 할지 고민된다고 하셨었어요."

이 말을 듣자 친구분은 감동한 듯 눈물을 글썽이며 저에게 물었습니다.

"그럼 저는 어떻게 해야 합니까?"
 저는 두 시간 동안 기쁨으로 복음을 전했습니다.

"예수님을 믿고, 영접 기도를 해야 합니다."
 그러고는 성경책을 가져와 식탁 위에 놓고 권했습니다.

"여기에 손을 올리세요."
 친구분이 손을 올리자, 목사님께 영접 기도 인도해 주시라고 했습니다.
 "아니, 오늘은 나보다 당신의 기도가 더 힘이 있는 것 같으니 당신이 직접 영접 기도를 인도해 줘."
 그래서 저는 친구분이 따라 하도록 영접 기도를 인도하고, 축복 기도를 해드렸습니다.
 "예수님의 이름으로 기도합니다."
 마무리하는 순간에 친구분은 눈물을 흘렸습니다.

"왜 이렇게 눈물이 나지?"
 그러고는 감동한 듯 말씀하셨습니다.
 "길교회 성전이 완공되면 나 길교회 다닐 거야."

 저는 장난스럽게 말했습니다.
 "우리 교회 오시는 건 좋은데, 예배 끝나고 우리 목사님께 '상률아, 당구 치러 가자' 이러시면 안 됩니다!"

그러자 친구분은 웃으셨습니다.

"알겠어요. 말이 정말 중요한 것 같습니다."

그게 무슨 뜻인지 물었더니, 친구분은 동창회에서 이런 이야기를 한 적이 있다고 하셨습니다.

"상률이가 지금 목사가 되어 마포에 길교회를 짓고 있어. 교회가 완공되면 나도 거기로 나가게 될 것 같아. 하나님이 나를 위해 마포에 길교회를 세우시는 것 같아."

농담 반 진담 반으로 했던 말이었는데, 정말로 이렇게 우리 집에 와서 예수님을 영접하게 될 줄은 몰랐다고 하셨습니다.

친구분을 배웅하며 저는 말씀드렸습니다.

"다음에 또 오세요. 오시면 성경 공부해드릴게요."

새 성전이 건축된 후 첫 번째 등록 성도가 되었고 금요 예배에 오셔서 방언의 은사도 받으셨습니다.

하나님께서는 가장 가까운 친구에게도 놀라운 은혜를 베푸시고, 구원의 길로 인도하셨습니다.

11. 기도하면 발이 뜨거워요

"보내심을 받지 아니하였으면 어찌 전파하리요? 기록된 바 아름답도다. 좋은 소식을 전하는 자들의 발이여 함과 같으니라"(로마서 10:15).

기도하다 보면 몸에 진동이 오는 경험을 하게 됩니다. 그럴 때 '아, 성령의 기름 부으심인가 보다'라는 생각이 들 수 있습니다. 성령의 불은 전체적으로 임할 수도 있으며, 때로는 머리, 손, 마음, 발 등 특정 부위에만 임할 수도 있습니다. 배가 뜨겁거나 등이 뜨거워지는 경우도 경험할 수 있습니다.

어떤 성도님은 "사모님, 저는 기도하면 머리가 뜨거워요!"라고 하시고, 또 다른 분은 "가슴이 뜨거워요, 등이 뜨거워요."라고 말합니다. 그럴 때 저는 하나님께서 저에게 지혜를 주셔서 성령의 기름 부으심이 어떤 의미인지 알려주십니다.

예를 들어, 머리가 뜨겁다고 하면 하나님께서 그 사람에게 지혜와 지식을 주시기 위해 기름을 부으시는 것이고, 가슴에 불이 붙으면 하나님께서 그 사람에게 사랑의 불을 주셔서 신앙생활을 더 뜨겁게 하시려는 것입니다. 또한, 등에 불이 온다면 그것은 믿음과 능력의 은사를 부어주시기 위한 성령의 역사입니다.

어느 날 전라도에 있는 교회에서 집회를 하던 중 한 사모님께서 개인 면담을 요청하셨습니다.

"사모님, 저는 큰 질병이 있어요."

저는 궁금해서 물었습니다.

"어떤 질병인가요?"

보통 '큰 질병'이라고 하면 암이나 백혈병 같은 병을 떠올리지만, 그 사모님은 예상과 다른 말을 하셨습니다.

"사모님, 저는 기도만 하면 발이 너무 뜨거워요. 한의원에 가서 침을 맞고 약을 먹어도 발이 뜨거운 게 나아지지 않아요. 병원에 가서 검사를 해도 병명이 나오지 않아요. 기도만 하면 발이 너무 뜨거워서 힘들어요."

그 말을 듣고 저는 깨달았습니다. 발이 뜨거운 것은 질병이 아니라 성령의 기름 부으심이 발에 임해서 하나님께서 그 사모님에게 전도를 하라고 하시는 사인인 것을 알았습니다. 그래서 저는 이렇게 말씀드렸습니다.

"사모님, 기도할 때 발이 뜨거운 것은 혈액순환이 안 돼서 그런 것이 아닙니다. 그것은 성령의 기름 부으심이 발에 임한 것이며, 하나님께서 전도하라고 사모님의 발을 뜨겁게 하시는 거예요."

그러자 그 사모님은 놀라며 말씀하셨습니다.

"제가 그런 줄 모르고 1년 넘게 한약을 먹었습니다. 사모님을 진작 만났어야 했어요. 원래 제 몸 사이즈가 66이었는데, 발이 뜨거운 걸 고치려고 한의원에서 약을 많이 먹고 나니 이제 몸 사이즈가 88이 됐습니다."

이처럼 우리가 성령에 대해 잘 알지 못하면 불필요한 일들을 겪을 수 있습니다. 그래서 성도님들은 성령의 기름 부으심을 올바르게 이해할 수 있는 지식이 필요합니다.

하나님은 우리에게 성령의 기름을 충만하게 부어주시기를 원하십니다. 이제 성령의 불을 받기 위한 영적인 지혜와 지식을 갖추어, 모두가 성령의 기름 부으심을 경험할 수 있기를 바랍니다.

12. 고등학생에게 임한 성령의 기름 부으심

"이는 그가 우리에게 기름을 부으시고 또한 우리에게 인치시고 보증으로 우리 마음에 성령을 주셨느니라"(고린도후서 1:21-22).

예배 중에 성령의 기름 부으심과 성령의 은사에 대해 설교를 했습니다. 설교를 마친 후, 다윗이라는 이름을 가진 고등학교 3학년 학생이 뒤에 앉아 있었습니다. 공부를 마치고 왔나 보다 생각하며 지나쳤는데, 늦은 밤 열한 시쯤 그 학생이 제 옆으로 다가와 말했습니다.

"사모님, 중요한 말씀이 있습니다."
"여기서 이야기해도 돼."
"아니요, 여기서는 안 돼요. 밖에서 이야기해야 해요."
순간 '이 아이가 무슨 이야기를 하려는 걸까?' 싶었지만 합심 기도 중이었기에 "그래, 나가 보자." 하고 복도로 나갔습니다. 복도에 나가자, 다윗 학생은 흥분된 목소리로 말했습니다.

"사모님! 저는 지금까지 신앙생활을 해왔지만 평생 처음으로 이런 체험을 했어요! 너무 신기하고, 너무 놀라워서 사모님께 말씀드리지 않을 수 없어요!"

"그래, 무슨 일이 있었는데?"

그 학생은 떨리는 목소리로 자신의 체험을 들려주었습니다.

"사모님 말씀을 듣고 나서 통성 기도를 하고 있었어요. 목사님께서 안수기도를 해 주고 계셨고, 저도 손을 들고 방언으로 기도하고 있었어요. 그런데 갑자기 온몸에 진동이 오더니 몸이 파르르 떨리기 시작하는 거예요. 손을 올린 채 기도하는데 손바닥이 마치 스스로 움직이는 것처럼 떨리기 시작했어요. 주변에 사람들이 많고, 목사님도 기도하고 계신데 너무 부끄러워서 손을 억지로 가만히 두려고 했어요. 그런데 힘을 주면 줄수록 손이 더 크게 떨리는 거예요! 그러더니 다리까지 떨리기 시작했어요. 양쪽 다리가 계속 떨려서 주체할 수 없었어요."

그는 계속해서 말을 이어갔습니다.

"사모님, 오락실에서 게임을 해도 이렇게 떨리진 않잖아요? 그런데 제 온몸이 엄청나게 떨리는 거예요. '도대체 왜 이러지?' 싶었는데 갑자기 몸이 부풀어 오르는 것 같은 느낌이 들었어요. 그리고 뭔가 터질 것 같은 느낌이 들었어요. 그 순간 '내가 이렇게 하다가 죽나 보다'라는 생각까지 들었어요. '내가 이렇게 죽으면 안 되는데… 왜 이런 일이 일어나는 거지?' 하면서 기도했어요."

그러던 중에 온몸이 진동하는 가운데 성령의 음성이 들렸다고 합니다.

"옆에 있는 사람들을 위해 기도해 줘라."

그 순간, 학생은 너무 당황스러웠습니다.

'아니, 내가 지금 몸도 떨리고 정신도 없는데 어떻게 옆 사람들을 위해 기도하지?'

그렇게 고민하는 순간에 목사님과 사모님께서 했던 말씀이 떠올랐다고 합니다.

"성령님께서 말씀하시면 듣고 순종해야 한다."

그는 즉시 옆 사람을 붙잡고 기도하기 시작했습니다. 그러자 기도하면 할수록 점점 더 강한 불같은 기운이 임하면서 앞사람에게까지 손을 얹고 기도를 하게 되었습니다. 그러다 마지막에 "하나님, 도와주시옵소서! 하나님, 도와주시옵소서!"라고 기도했는데, 자신의 목소리가 아니었다는 것입니다.

"어떤 강한 음성이 제 안에서 나오는 것 같았어요. 그리고 제 입술을 통해 '하나님, 도와주시옵소서!'라고 강하게 외쳐졌어요."

그는 너무 놀라서 저에게 물었습니다.

"사모님, 왜 저에게 이런 일이 일어난 거예요?"

저는 예전에 대전에서 만난 한 청년의 이야기를 해 주었습니다.

"대전에서 부흥 집회를 했는데 예배가 끝나고 한 청년이 식당까지 따라와서 드릴 말씀이 있다고 했어요. 안수기도를 받고 온몸에 진동이 왔는데 그 진동이 지금까지 계속 오고 있는데 어떻게 해야 하냐고 질문을 해서 성령의 기름 부으심이라고 이야기를 해 주었지. 오늘 다윗 학생에게 성령의 기름 부으심이 부어졌네! 성령의 기름 부으심을 받았을 때는 더욱 기도해야 해."

그렇게 우리는 밤 12시가 넘도록 함께 기도했습니다. 그때 다윗 학생이 저에게 중요한 말을 했습니다.

"사모님, 사실 저는 고3이라서 수요예배도 빠지고, 금요예배도 빠지고, 주일예배도 늦게 일어나서 지각도 많이 했어요. 그런데 오늘 성령의 기름 부으심을 체험하고 나니까 그런 것들이 하나님 앞에서 잘못된 것임을 깨닫게 되었어요. 그리고 처음으로 하나님이 살아 계시다는 걸 경험했어요. 그래서 이제는 정말 하나님을 잘 믿어야겠다는 생각이 들었어요."

그의 말을 듣고, 저는 하나님께 너무나 감사했습니다.

하나님께서 고3 학생에게도 성령의 기름 부으심을 부어주시고, 하나님이 살아 계심을 직접 체험하게 해 주셨습니다.

13. 병실에 귀신이 앉아있는 환상

"또 내가 들으니 하늘에서 음성이 나서 이르되 기록하라. 지금 이후로 주 안에서 죽는 자들은 복이 있도다 하시매 성령이 이르시되 그러하다. 그들이 수고를 그치고 쉬리니 이는 그들의 행한 일이 따름이라 하시더라"(요한계시록 14:13).

어느 날, 한 집사님이 교회를 찾아왔습니다.
"왜 오셨나요?"
집사님은 눈물을 머금고 말했습니다.

"제 조카가 아산병원 중환자실에 암으로 입원해 있는데, 의사 선생님이 며칠밖에 못 산다고 합니다."
조카는 아직 결혼도 하지 않은 젊은 아가씨였습니다. 그녀는 의사가 되기 위해 의과대학을 다니고 있었고, 같은 꿈을 가진 남자친구와 결혼을 약속한 상태였습니다. 남자친구의 집안이 경제적으로 여유가 있어, 결혼 후에는 병원을 차려줄 정도였다고 합니다. 하지만 졸업을 앞두고 받은 종합검진에서 암이 다섯 개나 발견되었습니다. 조카는 자신이 그렇게 심각한 상태라는 사실조차 모른 채 있었고, 이미 온몸에 암이 퍼져 급속도로 상태가 악화된 상황이었습니다. 이 가족은 강한 불교 집안이었고, 조카의 고모인 집사님만이 예수님을 믿고 있었습니다. 집사님은 사랑하는 조카가 아직 젊은 나이에 암에 걸려 세상을 떠나게 되는 것도 가슴 아팠지만, 무엇보다 예수님을 믿지 못한 채 죽어 지옥에 갈까 봐 두려운 마음이 컸습니다. 그래서 충청도에서 일부러 저를 찾아와, 중환자실에서 조카가 예수님을 믿고 천국에 갈 수 있도록 기도해 달라고 간청했습니다.

"지금 상황이 어떤가요?"

제가 묻자, 집사님은 깊이 한숨을 쉬며 답했습니다.

"산소호흡기를 끼고 사경을 헤매고 있어요."

순간 저는 속으로 '사경을 헤매는 사람이 어떻게 예수님을 영접할 수 있을까?' 하는 의문이 들었습니다. 하지만 집사님은 간절한 눈빛으로 제 손을 꼭 잡으며 말했습니다.

"사모님, 제발 한 번만 가서 기도해 주세요."

저는 면회가 가능한지 물었지만, 집사님은 조카가 1인실이라 면회가 어렵다고 했습니다. 그래도 꼭 가서 기도해 달라는 간청에 고민이 되었습니다. 그러다가 낮에는 의사와 간호사들이 많아 병실에 들어가기 어려울 것 같아, 밤에 가기로 결정했습니다. 그날 밤 12시, 저는 교회에서 기도를 마친 후 집사님의 차를 타고 병원으로 향했습니다. 중환자실 문 앞에 도착했을 때, 집사님이 전화로 방 위치를 알려주셨습니다. 그러나 병실 앞에는 의사와 간호사들이 모여 있었습니다. 저는 마음속으로 조용히 기도했습니다.

'주님, 병실로 들어가야 하는데 길을 열어주세요.'

그 순간, 마치 하나님의 손길이 닿은 듯, 의사와 간호사들이 일제히 반대편을 바라보았습니다. 저는 '지금이다!' 싶어 조심스럽게 데스크 밑으로 몸을 숙여 병실로 기어 들어갔습니다.

병실에 들어가 보니, 자매의 부모님과 동생이 함께 있었고, 모두 울고 있었습니다. 자매는 얼굴이 심하게 부어 있었고, 산소호흡기를 낀 채 힘겹게 숨을 쉬고 있었습니다. 전도를 해야 하는데, 그녀는 눈도 못 뜨고 말도 하지 못하는 상황이었습니다. 막막한 마음에 저는 조카의 귀에 대고 조용히 물었습니다.

"자매님, 제 말을 알아듣고 있나요?"

그러자 조카가 천천히 고개를 끄덕였습니다.

"저는 교회 사모입니다. 자매님의 고모가 자매님이 너무 아파서 하나님 앞에 가야 할 수도 있으니, 복음을 전해주고 싶어 저를 부르셨습니다."

그러자 조카가 다시 고개를 끄덕였습니다. 저는 마음속으로 '그래도 알아듣고 있구나!' 하고 안심하며 십자가의 복음을 전했습니다.

그 자매를 위해 기도하려고 눈을 감았는데, 그 순간 병실 창가 쪽의 3인용 소파에 시커먼 옷을 입은 귀신이 앉아 있는 것이 보였습니다. 귀신은 허벅지 위에 손을 올린 채 앉아 있었고, 날카롭고 붉은 눈빛으로 저를 노려보고 있었습니다. 저는 온몸에 소름이 돋았습니다.

'이 불교 집안에서 예수님을 믿지 않고 죽으려 하니까, 귀신이 지금 지옥으로 데려가려고 대기하고 있구나.'

저는 조카에게 조심스럽게 말했습니다.

"자매님, 지금 저 소파 가운데 귀신이 와서 앉아 있어요. 자매님의 영혼이 떠나길 기다리고 있습니다. 만약 자매님이 예수님을 믿지 않고 죽으면, 저 귀신이 지옥으로 데려갈 것입니다."

조카의 가족들은 놀란 눈으로 저를 바라보았습니다. 저는 이어서 말했습니다.

"지금 예수님을 진심으로 영접해야 합니다. 그러면 귀신들이 떠나고, 자매님이 세상을 떠날 때 천사들이 와서 천국으로 데려갈 것입니다. 꼭 영접 기도를 따라하세요."

조카는 산소호흡기를 낀 채 힘겹게 기도를 따라 하며 예수님을 영접했습니다. 저는 마지막으로 축복기도를 드리고 몰래 기어서 병실을 빠져나왔습니다. 다음날 성전에서 기도하는데 하나님은 한 번 더 심방을 가라는 감동을 주셨습니다. 하나님은 그날 밤에도 똑같이 역사해 주셨고, 저는 자매님에게 천국 복음을 더 전하고 기도한 후에 병실에서 나왔습니다.

그날 오후, 집사님께서 전화를 걸어왔습니다.

"사모님, 우리 조카가 오늘 낮에 정말 편안하게 눈을 감았습니다. 가족들이 모두 예수님을 믿기로 했고, 기독교 장례식으로 치르기로 했습니다."

그 순간 저는 깊은 감동을 받았습니다.

한 사람의 간절한 믿음을 통해 하나님께서 한 영혼과 그 가족을 구원하시는 것을 직접 경험했기 때문입니다.

귀신은 오늘도 여전히 돌아다니며, 지옥으로 데려갈 영혼을 찾아다니고 있습니다. 우리의 신앙을 방해하고, 죄악에 빠지게 하며, 하나님과의 관계를 끊어버리려 합니다. 그러기에 우리는 늘 예수님의 보혈 아래 거하며, 그 능력으로 죄악을 이기고 살아가야 합니다.

하나님께서 우리를 사용하셔서, 한 영혼이라도 더 구원의 길로 인도하시길 간절히 소망합니다.

14. 상한 마음의 치유

"마음이 상한 자를 고치시며 그들의 상처를 싸매시는도다"(시편 147:3).

요즘, 마음이 상한 사람들이 너무나 많습니다. 특히 기도 요청 카드에서도 자녀들의 정신적인 문제를 위한 기도가 많음을 보게 됩니다. 우울증, 조울증, 조현병과 같은 질환을 앓고 있는 이들을 보면, 대부분 크게 놀랐거나 감당할 수 없는 고난을 겪었거나, 마음 깊은 곳에 쌓인 고통으로 인해 병이 생긴 경우가 많습니다.

3일 전, 한 어머니가 정신 질환을 앓고 있는 딸을 데리고 교회를 찾아왔습니다. 저와 목사님, 전도사님, 그리고 성도들이 그 아이를 위해 간절히 기도했습니다.

자매는 유아실에 있었고, 상태를 확인하러 올라가 보았는데 사람의 힘으로는 어찌할 수 없는 어려운 상태였습니다. 그 아이는 20살의 청년이었지만, 심각한 정신 질환으로 인해 큰 고통 속에 있었습니다. 너무 안타까운 마음이 들어, 저는 자매를 안아주며 기도했습니다. 그리고 밤이 되자, 철야기도를 하던 성도들과 함께 다시 올라가 새벽 4시까지 간절히 기도를 계속했습니다. 하지만 기도를 마친 후, 우리는 그녀가 나아졌는지 알지 못한 채 헤어졌습니다.

이틀 후, 그 어머니가 다시 딸을 데리고 교회에 오셨습니다. 놀랍게도, 자매는 완전히 온전한 모습으로 성전 뒤에 앉아 방긋방긋 웃으며 저와 대화를 나누었습니다. 며칠 전 힘들어하던 그녀의 모습과는 완전히 달라져 있었습니다. 너무나 놀랍고 감격스러운 순간이었습니다. 어머니는 기쁨에 차서 말했습니다.

"기도 후 이틀 동안 딸이 잠도 잘 자고, 평안해지더니 완전히 회복되었습니다!"

그녀는 감격하며 '모든 영광 하나님께' 찬양을 세 번이나 부르며 하나님께 영광을 돌렸습니다.

우리는 사람과 관계하며 살아가다 보면 많은 이들이 마음의 눌림과 고통으로 인해 정신적인 어려움을 겪게 됩니다. 그러나 하나님의 성령의 기름 부으심이 임할 때, 모든 상한 마음은 치유받고, 자유로움을 얻으며, 묶였던 자들이 놓임을 받는 놀라운 하나님의 역사가 나타납니다.

하나님께서 지금도 우리를 치유하시고 회복시키고 계십니다. 그 은혜를 믿고 구하는 모든 이들에게 하나님의 사랑과 평안이 임하기를 축복합니다.

15. 전신 류마티스 관절염 치유

"내 이름을 경외하는 너희에게는 공의로운 해가 떠올라서 치료하는 광선을 비추리니 너희가 나가서 외양간에서 나온 송아지 같이 뛰리라"(말라기 4:2).

부산에서 한 여자 집사님이 친정어머니와 함께 저희 교회를 찾아오셨습니다. 집사님은 전신 류마티스 관절염으로 인해 자신의 몸을 전혀 마음대로 움직일 수 없는 상태였습니다. 화장실을 가도 변기 물을 내릴 수 없어 어머니가 도와주셔야 했고, 혼자 옷을 입지 못해 어머니가 직접 입혀주셔야 했습니다. 생활의 모든 부분에서 어머니 권사님의 수발이 필요했습니다. 그런 힘든 상황 가운데, 저희 교회에서 발간한 책을 읽고 희망을 품고 오신 것이었습니다.

저는 성전 바닥에 장판을 깔고 집사님을 눕혔습니다. 어머니 권사님도 간절히 기도하셨고, 성도들도 사랑으로 함께 중보하며 기도해 드렸습니다. 저는 집사님께 권했습니다.

"이렇게 오셨으니 바로 부산으로 돌아가지 마시고, 20일 정도 저희 교회에서 작정 기도를 하시면 좋겠습니다."

집사님은 몸이 너무 쇠약하여 방으로 들어갈 힘조차 없었습니다.

그래서 성전에서 저와 성도들과 함께 20일 동안 기도하며 지내기로 했습니다. 기도할 때마다 하나님께서 집사님의 상태를 조금씩 회복시켜 주셨습니다. 그리고 마침내 20일째 되는 날, 성령님께서 강하게 역사하시며 그분에게 기름을 부어 주셨습니다.

그때, 우리 목사님께 성령의 감동이 왔습니다. 그리고 작정 기도의 마지막 날, 걷지도 못했던 집사님에게 외쳤습니다.

"집사님, 일어나서 뛰세요!"

그러자 집사님은 순간 얼떨결에 일어나더니, 갑자기 성전을 힘차게 뛰어다니기 시작했습니다! 마치 외양간을 뛰쳐나온 송아지처럼 성전 밖으로도 달려 나갔습니다. 그 놀라운 광경을 본 성도들은 모두 하나님께 영광을 돌리며 기뻐했습니다. 그렇게 2시간 동안 성령님께서 강하게 역사하셨고, 전신 류마티스 관절염이 완전히 치유되었습니다. 집사님은 며칠 더 교회에 머무르시며 건강을 회복한 기쁨을 나누신 뒤, 온전히 회복된 모습으로 집으로 돌아가셨습니다.

우리의 아픔과 질병을 통해 주님께 더 가까이 나아가도록 인도하시는 하나님의 뜻을 깨달아야 합니다. 그러므로 지금 어려움과 슬픔이 있을지라도, 예수님의 이름을 붙들고 끝까지 이겨낸다면, 하나님께서 화를 복으로 바꿔 주실 것입니다.

슬픔이 변하여 기쁨이 되고, 절망이 변하여 희망이 되는 놀라운 하나님의 역사가 임할 것입니다. 저는 그것을 확신합니다. 하나님은 살아 계십니다!

16. 교통사고로 잃어버린 눈을 되찾았어요!

"이 말씀을 하시고 땅에 침을 뱉어 진흙을 이겨 그의 눈에 바르시고, 이르시되 실로암 못에 가서 씻으라 하시니 이에 가서 씻고 밝은 눈으로 왔더라"(요한복음 9:6-7).

이 간증은 한 여자 성도님의 이야기입니다. 그 성도님은 다섯 살 때 교통사고를 당해 한쪽 눈의 시력을 완전히 잃었습니다. 그리고 25년 동안 단 한쪽 눈으로만 살아야 했습니다. 사람들과 눈을 마주치는 것이 점점 어려워졌고, 자연스럽게 성격도 소극적으로 변해갔습니다.

고등학교를 졸업한 후, 혹시 시력을 회복할 수 있을까 하는 희망을 품고 영등포에 있는 안과 전문병원 '김 안과'를 찾았습니다. 정밀검사 결과, 시력 자체를 회복할 수는 없지만 한쪽으로 치우친 눈동자를 가운데로 맞추는 수술은 가능하다는 진단을 받았습니다. 그러나 의사는 시간이 지나면 다시 원래대로 돌아갈 수도 있다고 했습니다.

그 성도님은 직장생활을 위해 수술을 결심했지만, 결과는 기대에 미치지 못했습니다. 여전히 사람들을 똑바로 바라볼 수 없었고, 시간이 흐를수록 건강한 눈마저 시력이 점점 약해지고 있었습니다. 그럴

수록 그 성도님의 유일한 소망은 주님뿐이었습니다. 그런 그 성도님에게 우리 부부는 믿음으로 선포했습니다.

"한쪽 눈 시력을 잃고 살아가는 당신도 하나님이 역사하시면 눈을 뜰 수 있습니다."

그 성도님은 오랜 신앙생활 동안 교회를 다니면서도 그런 말을 들어본 적이 없었습니다. 하지만 때마침 교회에서는 40일 작정기도회가 시작되고 있었고, 그 성도님도 기도하기로 결심했습니다. 그렇게 시작된 작정기도 이튿날, 저는 그 성도님에게 말했습니다.

"시력을 잃은 눈을 위해서 기도를 받아보세요."

병원에서도 포기한 눈을 위해 기도를 받으라는 말에 그 성도님은 반신반의했습니다. 30년 가까이 살아오면서 많은 간증을 들었지만, 잃어버린 시력이 회복되었다는 이야기는 한 번도 들어본 적이 없었기 때문입니다. 그러나 이미 40일 작정기도를 시작한 만큼, 믿음으로 기도를 받기로 결심했습니다.

눈에 안수기도를 받기 시작한 지 3일째 되는 금요철야시간, 제가 그 성도님의 눈에 손을 얹고 기도하는데 갑자기 보이지 않던 눈에서 뜨거운 열기가 느껴졌습니다. 집에 돌아와 잠자리에 들 때까지도 그 뜨거움은 계속되었습니다. 이후로도 기도할 때마다 같은 열기가 느껴졌고, 저는 이것이 성령님의 역사임을 믿으며 더욱 간절히 기도했습니다. 그리고 13일째 되는 날, 기적이 일어났습니다. 교회 집사님과 대화를 나누던 중, 집사님이 신기한 듯 그 성도님을 바라보며 말했습니다.

"어? 지금 성도님의 눈동자가 움직였어요!"

그 성도님은 믿을 수가 없었습니다. 지금까지 한 번도 움직이지 않던 눈동자가 움직이기 시작한 것입니다! 얼른 거울을 들여다보았고, 확실히 이전과 다름을 느낄 수 있었습니다. 이후 목요영성집회에서 다시 기도를 받았을 때, 그 성도님의 눈에서는 마치 바늘로 찌르는 듯한 따끔거림이 느껴졌습니다. 저는 성령님께서 그 성도님을 치유하고 계신다고 말씀드렸습니다.

그 성도님은 꿈에도 상상하지 못한 일이 일어나고 있음을 실감했습니다.

그리고 마침내 20일째 되는 날, 완전한 변화가 찾아왔습니다.

기도 중에 그 성도님의 눈이 너무 뜨거워 안경을 벗고 앞을 바라보았는데, 놀랍게도 사람들의 모습과 사물이 보이기 시작했습니다. 그날 이후, 그 성도님은 계속해서 기도하며 하나님의 역사하심을 체험했습니다. 이후 어느 날 교회에 가서 아이를 재운 후 기도를 하고 있는데 갑자기 눈앞에서 검은 옷을 입은 사람이 왔다 갔다 하는 환상이 보였습니다.

'사탄인가 보다. 물리쳐야지.'

그 성도님은 그렇게 생각했지만, 입이 떨어지지 않았습니다.

그때 저는 그 성도님을 위해 기도하다가 영적 환상을 보고 말했습니다.

"이 딸에게 어둠 속에 자리 잡고 있는 귀신은 예수 이름으로 떠나갈 지어다!"

그 성도님의 눈을 가리고 있던 영적 장애가 드러난 것이었습니다. 마치 예수님께서 이 땅에서 눈멀고 벙어리 되게 하는 귀신을 쫓아내셨던 것처럼, 그 성도님의 눈에 있던 영적 결박이 풀리기 시작했습니다.

그 성도님은 40일 작정기도를 끝까지 믿음으로 감당하며 순종했습니다. 그리고 마침내 25년 동안 잃어버린 시력을 되찾는 기적을 경험했습니다.

17. 자궁암을 치유하셨습니다

"열두 해 동안이나 혈루증을 앓는 한 여자가 예수의 뒤로 와서 그 겉옷 가를 만지니 이는 제 마음에 그 겉옷만 만져도 구원을 받겠다 함이라. 예수께서 돌이켜 그를 보시며 이르시되 딸아 안심하라. 네 믿음이 너를 구원하였다 하시니 여자가 그 즉시 구원을 받으니라"(마태복음 9:20-22).

저는 지난 20년간 신유 사역을 하며, 성령님의 역사로 기도할 때 치유의 기적을 경험했습니다. 어떤 분들은 한 번의 기도로 치유되기도 하고, 어떤 분들은 회복될 때까지 여러 차례 기도를 받기도 합니다. 중요한 것은 치유를 받는 사람도 믿음이 있어야 하고, 기도하는 사람도 끝까지 인내하며 믿음으로 기도해야 한다는 점입니다. 저는 기도할 때 표적을 통해 기도를 지속할지 여부를 결정하곤 합니다.

어느 날, 한 부부가 늦은 시간에도 피곤함을 무릅쓰고 기도를 받으러 오셨습니다. 여자 집사님이 하혈이 멈추지 않아 걱정이 되어 치유 기도를 받으러 온 것이었습니다. 며칠 동안 함께 기도한 후, 집사님은 하혈이 멈췄다고 했습니다. 저는 병원에 가서 검사를 받아보라고 권유했습니다. 그러나 시간이 없어 미루던 중, 가정의 일로 종합병원을 방문하게 되었고, 가장 유명한 의사 선생님께 진료를 받게 되었습니다. 의사 선생님은 여러 검사를 마친 후 "왜 이렇게 늦게 오셨나요?"라며 위급한 상황이라고 말씀하셨습니다. 즉시 수술 날짜를 잡고 최대한 빨리 수술해야 한다고 하셨습니다. 순간, 집사님은 '혹시 암에 걸린 건 아닐까?' 하는 두려움에 사로잡혔습니다.

소개받은 의사는 추가 검사를 진행한 후, 자궁근종의 조직 검사를 해야 한다고 했습니다. 그는 "자궁근종이 암으로 변화했는데, 그 색깔이 특이합니다."라고 설명했습니다. 조직을 떼어내 검사하려던 순간, 놀랍게도 4cm가 넘는 근종이 스스로 떨어져 나갔습니다.

"이게 웬일이야!"

의사 선생님의 외침은 수술실에 누워 있던 집사님에게도 들렸습니다. 궁금해진 집사님은 자리에서 일어나 보니, 의사가 탁구공만 한 근종을 쟁반에 담아 보여주며 설명했습니다. 일반적으로 암세포가 죽으면 하얗게 변하는데, 이렇게 큰 근종이 암으로 변했다가 저절로 떨어지는 경우는 전례가 없다고 했습니다. 의사 선생님은 자신의 의사 생활 동안 이런 일은 처음이라며 "당신은 정말 복 받은 사람입니다."라고 말했습니다. 또한, 어느 산부인과를 갔어도 모든 의사가 자궁 적출 수술을 권했을 것이라고 덧붙였습니다.

"하나님이 직접 수술해 주셨지요…"

그 집사님의 말이 지금도 제 마음에 깊이 남아 있습니다.

18. 허리디스크 완치

"내 영혼아 여호와를 송축하며 그의 모든 은택을 잊지 말지어다. 그가 네 모든 죄악을 사하시며 네 모든 병을 고치시며"(시편 103:2-3).

제가 성령의 불을 받은 후, 기도할 때마다 몸이 뜨거워지고 손이 뜨거워지는 경험을 하게 되었습니다. 그때 문득 이런 생각이 들었습니다.

'아픈 사람에게 손을 얹고 기도하면 병이 나을 것 같다.'
그래서 교회 성도 중에 아픈 사람이 있는지 찾아보기 시작했습니다. 그때 한 여자 청년이 저를 찾아와 말했습니다.

"사모님, 저 오늘 회사에 사표 냈어요."
이유를 물어보니, 그녀는 허리가 너무 아파 병원에 갔고, 병원에서는 당장 일을 그만두고 쉬어야 한다고 했다고 합니다. 그런데 마침 회사에서도 사장님이 "내일부터 출근하지 마세요."라며 해고를 통보했다고 했습니다.

자세히 들어보니, 그녀는 제대로 걷지도 못하는 상태였습니다. 오른발이 마음대로 움직이지 않아, 손으로 다리를 들어서 옮겨야 했습니다. 사장님이 그녀의 상태를 보고 업무가 어렵다고 판단해 해고한 것이었습니다.

그녀의 이야기를 듣고 난 후, 하나님께서 내 손에 불을 주셨으니 이 자매를 위해 기도해야겠다는 강한 감동이 왔습니다. 다음 날, 저는 그녀에게 전화를 걸어 말했습니다.

"자매님, 지금 기도처로 오면 제가 손을 얹고 기도해 드리겠습니다."

하지만 그녀는 허리가 너무 아파 교회까지 걸어올 수 없다고 했습니다. 결국 저는 직접 그녀의 집으로 찾아가, 허리에 손을 얹고 간절히 기도했습니다. 다음 날, 그녀가 교회 기도처에 와 있었습니다. 어떻게 왔냐고 물었더니,

"기도를 받고 몸이 좋아져서, 또 기도를 받으러 왔어요!"

너무 기뻤습니다. 저는 그녀를 위해 다시 기도해 주었습니다. 이후로도 그녀는 매일 기도를 받으러 왔습니다. 그렇게 2주간 기도를 받았고, 15일째 되는 날이었습니다. 그날도 기도를 해주려 하자, 그녀가 말했습니다.

"사모님, 저 이제 기도 안 받아도 돼요. 저 다 나았어요!"

저는 깜짝 놀라며 물었습니다.

"정말 다 나았는지 어떻게 알았어요?"

그러자 그녀가 환한 얼굴로 말했습니다.

"제 방에 24인치짜리 큰 텔레비전이 있어요. '이걸 들어서 허리가 안 아프면 다 나은 거다!'라고 생각했죠. 그래서 한 번 들어 봤는데, 텔레비전을 번쩍 들었다가 놨는데도 허리가 하나도 안 아픈 거예요! 그 순간, 완전히 나았다는 걸 확신했어요!"

그렇게 그녀는 완전히 치유되었고, 병에서 자유함을 얻게 되었습니다.

19. 눈 질병으로 자리 잡았던 귀신 축사

"믿는 자들에게는 이런 표적이 따르리니 곧 그들이 내 이름으로 귀신을 쫓아내며 새 방언을 말하며 뱀을 집어올리며 무슨 독을 마실지라도 해를 받지 아니하며 병든 사람에게 손을 얹은즉 나으리라 하시더라"(마가복음 16:17-18).

어느 날, 성당에 다니는 한 성도님이 저를 찾아오셨습니다.

"유튜브에서 사모님 설교를 듣다가 궁금한 것이 생겨 이렇게 찾아왔습니다."

그분은 혼자 집에서 기도하다가 방언의 은사를 받았고, 어느 날 방언 기도를 하던 중 환상이 열렸다고 했습니다. 그 환상 속에서 십자가에 달리신 예수님의 모습을 보았고, 갑자기 예수님의 피 한 방울이 떨어져 자신의 왼쪽 눈으로 들어가는 장면을 경험했다고 합니다.

'이게 무엇일까? 왜 예수님의 핏방울이 내 눈에 들어가는 걸까?'

이 의문을 해결하고자 유튜브에서 관련 내용을 찾던 중 제 영상을 보게 되었고, 결국 직접 상담을 받기 위해 찾아오신 것이었습니다.

그분은 제가 한 번도 들어본 적 없는 희귀한 눈 질환을 가지고 있었습니다. 움직이는 사물은 정상적으로 보이지만, 글씨는 모두 삐뚤삐뚤하게 보이고, 건물의 창문들도 비틀려 보이는 증상이 있었습니다. 이로 인해 일상생활이 매우 불편한 상태였습니다. 그런데 그 왼쪽 눈에 주님의 핏방울이 들어가는 환상을 보았다니, 저는 '하나님께서 이분을 치료하시겠구나.' 하는 마음이 들었습니다.

저는 녹음기를 틀어놓고 왼쪽 눈에 손을 얹고 기도해 드렸습니다.

"예수님의 이름으로 기도합니다. 아멘."

기도를 마친 후, 저는 "집에 돌아가셔서 지속적으로 녹음을 들으며 기도하세요. 하나님께서 은혜를 주실 것입니다."라고 말씀드렸습니다.

그런데 성도님이 자리에서 일어서려다 망설이더니 조심스럽게 말했습니다.

"사모님, 사실 왼쪽 눈뿐만 아니라 오른쪽 눈도 점점 악화하고 있어서 꼭 기도 받고 싶습니다."

저는 티슈를 오른쪽 눈 위에 올려놓고 손을 얹고 기도하기 시작했습니다.

"주님, 오른쪽 눈도 아픕니다. 치료하여 주옵소서."

방언으로 간절히 기도하던 중, 갑자기 그분이 몸을 부들부들 떨기 시작하더니 심하게 몸부림치며 괴성을 지르기 시작했습니다. 그분이 건물이 떠나갈 듯한 비명을 지르자, 저도 순간 당황했습니다. 급히 목양실의 창문과 문을 닫고 커튼까지 치고는, 6층에 계신 남편 목사님께 전화를 걸어 "목사님, 얼른 내려와 주세요!"라고 요청했습니다.

곧 목사님께서 내려오셨고, 함께 기도를 시작했습니다. 우리 목사님은 성도님의 머리에 손을 얹고, 저는 배와 가슴에 손을 얹고 간절히 기도했습니다. 그러자 성도님은 더욱 거칠게 소리를 지르며 난리를 치다가, 갑자기 뒤로 넘어가버렸습니다. 몸이 심하게 휘어진 채 바닥에 누워서도 계속 소리를 질러댔습니다.

저는 계속해서 "예수의 피!"를 외치며 기도했습니다. 그 순간, 그분의 입에서 두 가지의 목소리가 들려왔습니다. 하나는 성도님의 목소리였고, 다른 하나는 귀신의 목소리였습니다. 성도님이 "나가!"라고 외치면, 귀신이 "안 나가! 내가 여기서 집을 몇 개나 지었는데! 절대 안 나가!"라며 버텼습니다. 그렇게 치열한 영적 싸움이 이어졌습니다. 하지만 결국, 귀신은 "뜨거워서 못 견디겠다! 나간다!"라고 외치더니 떠나버렸습니다.

귀신이 떠난 후, 성도님은 자유함을 얻고 기운이 없어서 소파에서 20분간 누워있었습니다. 그런데 그 순간, 하나님의 영이 충만하게 임했습니다. 성도님은 성령의 역사 속에서 감격에 젖었고, 하나님께서 자신을 자유케 하셨음을 체험했습니다.

모든 영적 억압에서 해방된 성도님을 보며, 우리는 함께 하나님을 찬양했습니다.

"자유케 하시는 성령님을 찬양합니다!"

20. 제사는 귀신에게 절하는 것입니다

"무릇 이방인의 제사는 귀신에게 하는 것이요 하나님께 드리는 것이 아니니 나는 너희가 귀신과 교제하는 자가 되기를 원하지 아니하노라"(고린도전서 10:20).

어느 날, 저는 영적인 꿈을 꾸었습니다. 꿈속에서 제 영이 예수님을 믿지 않는 인척의 집을 찾아갔고, 대문 앞에 서 있었습니다. 저는 대문 밖에 있었지만, 영의 세계를 통해 그 집 안방의 모습이 그대로 보였습니다.

예수님을 믿지 않는 가정에서는 대부분 제사를 지내지 않습니까? 그 집 안방에는 제사상이 차려져 있었고, 음식이 올려져 있었습니다. 제사상 앞에는 병풍이 세워져 있었으며, 분위기를 보니 그날이 인척의 시어머니 제삿날이라는 것을 알 수 있었습니다. 영적인 세계에서는 굳이 말하지 않아도 자연스럽게 상황을 이해할 수 있었습니다.

그때 저는 놀라운 광경을 보게 되었습니다. 제사상이 놓여 있고, 그 앞에는 검은 옷을 입은 귀신들이 세 줄 정도로 줄지어 서 있었습니다. 정확히 세어보진 않았지만, 영적으로 감지되기를 약 서른 명쯤 되는 듯했습니다. 가족들은 아무것도 보지 못한 채 제사상을 향해 절을 했고, 그 순간 귀신들은 고개를 끄덕이며 절을 받았습니다.

그리고 나서 갑자기 귀신들이 걸어 다니는 것이 아니라 붕 떠서 천장까지 올라가 연기처럼 사라졌습니다. 그러자 반대 방향에서 또 다른 서른 명의 귀신들이 시커먼 옷을 입고 들어오더니 같은 방식으로 제사상 앞에 서 있었습니다. 가족들이 다시 절을 하자, 이번에도 귀신들은 고개를 끄덕이며 절을 받았습니다. 그리고는 또 연기처럼 사라졌고, 곧이어 또 다른 귀신들이 들어오는 것을 보았습니다.

고린도전서 말씀을 통해 제사는 귀신에게 드리는 것임을 알고 있었지만, 직접 영적인 꿈을 통해 보니 그 말씀이 더욱 생생하게 다가왔습니다.

'이 가정이 예수를 믿어야 하는데, 예수를 믿지 않으니 제사를 통해 귀신들이 집에 들락날락하고 있구나.'

꿈에서 깨어난 후, 저는 인척에게 전화를 걸어서 꿈 이야기를 전했습니다.

"내가 이런 꿈을 꾸었는데, 너무 마음이 안 좋아서 전화했어요."

그러자 그 인척이 놀라며 말했습니다.

"며칠 전에 정말로 시어머니 제삿날이었어요."

저는 이 인척이 어떻게 하면 예수님을 믿을 수 있을지 고민한 끝에, 직접 그 집을 찾아갔습니다. 예전에 교회를 다닌 적이 있었기에 복음을 다시 전하고, 꿈의 내용을 자세히 이야기하며 말했습니다.

"당신과 당신 남편은 반드시 예수님을 믿어야 합니다. 제사를 지낼

때 귀신들이 집 안을 드나드는 것을 직접 보았습니다."

전도를 들은 인척은 마음을 열었고, 결국 복음을 받아들이며 예수님을 영접하는 기도를 함께 드렸습니다. 이후 예배에도 함께 참석했습니다.

초신자들은 흔히 제사를 지내지 않으면 무슨 큰일이라도 나는 줄 알고 두려워합니다. 그런데 하나님께서는 이 가정을 깨우시기 위해 그 인척과 남편의 몸을 약간 아프게 하셨습니다. 그들은 제사를 지내지 않으면 오히려 집안에 문제가 생길까 걱정하던 사람들이었는데, 몸이 아파지자 오히려 이렇게 말했습니다.

"몸도 아프고 하니, 앞으로는 그냥 제사를 지내지 않기로 했어요."

그렇게 해서 결국 이 가정에서는 제사가 끊어졌습니다. 그리고 부부는 교회를 꾸준히 다니기 시작하더니, 얼마 지나지 않아 교회 목사님으로부터 집사 직분까지 받고 신앙 생활을 계속 이어가고 있습니다.

하나님께서 이 가정을 구원하시고, 영적으로 눈을 뜨게 하신 것입니다.

제사를 지내는 것은 단순한 가정의 전통이 아니라, 영적인 세계에서는 귀신에게 절을 하는 행위입니다. 많은 사람들이 이를 모르고 행하지만, 하나님께서는 우리에게 분명히 말씀하셨습니다.

"나는 너희가 귀신과 교제하는 자가 되기를 원하지 아니하노라."

이 가정이 하나님을 믿고 제사를 끊음으로써 복을 받았듯이, 우리도 하나님을 온전히 의지할 때 영적으로 자유로워질 수 있습니다.

모든 영광을 하나님께 돌립니다.

21. 소주 두 병과 담배 두 갑

"그리스도께서 우리를 자유롭게 하려고 자유를 주셨으니, 그러므로 굳건하게 서서 다시는 종의 멍에를 메지 말라"(갈라디아서 5:1).

주님께서는 제 마음에 전도의 열정을 가득 채워 주셨습니다. 그래서 저는 전도를 정말 많이 했습니다. 하루는 놀이터에서 전도를 하게 되었는데, 평소에는 주로 낮에 전도했지만, 때때로 철야기도 중에 주님께서 놀이터로 가라는 마음을 주시면 두려움 없이 순종하며 나갔습니다.

어느 날 밤, 놀이터에 갔더니 청년들이 소주병과 안주를 앞에 놓고 시간을 보내고 있었습니다. 저는 다가가서 말했습니다.

"예수님 믿으세요. 저는 여기 교회 사모입니다. 형제님들이 예수님을 믿으면 좋겠어요."

그러자 캔맥주를 마시던 청년 두 명이 놀란 눈빛으로 저를 바라보았습니다. 밤 11시에 한 여자가 갑자기 다가와 복음을 전하니 감동을 받았던지, 결국 교회에 나오게 되었고 등록까지 하는 놀라운 일이 있었습니다.

또 한 번은 전도를 하던 중, 혼자 쓸쓸하게 앉아 있는 한 아주머니를 보았습니다. 다가가 전도를 하니, 아주머니께서는 밤에 잠을 못 잔다고 하셨습니다. 이유를 여쭤보니, 평생 남편 때문에 속을 썩으며 살아서 남편만 생각하면 화가 나고 마음이 너무 힘들어서 밤마다 잠을 이루지 못한다고 했습니다. 그러면서 이렇게 말씀하셨습니다.

"매일 밤 소주 두 병을 마셔야 겨우 잠들 수 있어요."

저는 아주머니께 조심스럽게 권했습니다.

"교회에 나오세요. 예수님을 믿으면, 예수님께서 화병도 고쳐주세요."

그 후 아주머니는 교회에 나오기 시작했습니다. 저는 놀이터에서 아주머니께 예수님이 화병을 고쳐주실 거라고 약속했기 때문에, 목사님과 성도들과 함께 아주머니를 위해 간절히 기도했습니다.

"주님, 이분의 화병을 치유해 주세요. 술을 마시게 하는 악한 영이 예수의 이름으로 떠나갈지어다."

그렇게 기도한 후 아주머니는 집으로 돌아가셨습니다. 그런데 다음 날, 아주머니께서 다시 교회로 찾아오셨습니다.

"사모님, 저 어젯밤 처음으로 소주 두 병을 마시지 않았어요! 예배 끝나고 집에 가서 저녁을 먹었는데, 스르르 잠이 들어서 아침까지 푹 잤어요. 너무 고마워서 인사드리러 왔어요."

감격스러운 표정을 짓는 아주머니를 보며 저는 하나님의 은혜를 다시 한 번 깊이 깨달았습니다. 하나님께서는 한순간에 이분을 만져주시고 회복시키셨습니다. 평생 화병에 시달리며 소주 두 병 없이는 잠들지 못했던 분이, 예수님의 은혜로 자유함을 얻게 된 것입니다.

그때 철야기도를 함께하던 한 자매가 있었습니다. 하나님께서 좋은 신랑을 만나게 해 주셔서 결혼을 앞두고 있었는데, 자매가 예비 신랑에게 자기랑 결혼하면 예수님을 잘 믿어야 한다고 했다고 합니다. 형제는 잘 믿는다 약속하며, 데이트할 때 교회에 함께 오기 시작했습니다.

어느 날 예배 후, 자매가 조심스럽게 말했습니다.

"목사님, 제 남자친구가 하루에 담배를 두 갑씩 피웁니다. 담배를 끊을 수 있도록 기도해 주세요."

목사님께서는 "기도합시다." 하시며 그 형제의 어깨에 손을 얹고 간절히 기도하셨습니다.

"하나님, 이 형제가 담배를 끊게 해 주세요."

기도는 단 한 번이었지만, 놀랍게도 형제는 금단 현상 없이 담배를 바로 끊었습니다. 지금은 우리 교회의 집사가 되어 자녀들과 함께 신앙 생활을 잘하고 있습니다.

하루에 소주 두 병을 마시는 것도, 담배를 두 갑씩 피우는 것도 인간의 힘으로는 쉽게 끊을 수 없습니다. 그러나 성령님께서 "오늘 내가 너에게 새 일을 행하리라. 내가 지금 너를 치료할 것이다."라고 말씀하시면, 어떤 중독이나 질병도 문제되지 않습니다. 주님께서 일하시고 역사하시면 변화는 반드시 이루어집니다.

22. 귀신 축사 사역

"믿는 자들에게는 이런 표적이 따르리니, 곧 그들이 내 이름으로 귀신을 쫓아내며 새 방언을 말하며, 뱀을 집어 올리며, 무슨 독을 마실지라도 해를 받지 아니하며, 병든 사람에게 손을 얹은즉 나으리라" (마가복음 16:17-18).

어느 날, 인천에서 열린 전도 세미나에 저희 목사님과 함께 참석하게 되었습니다. 세미나는 매우 유익했고, 우리 성도들에게도 좋은 기회가 될 것이라 생각하여 이후 한 번 더 참석하게 되었습니다.

낮에는 거리에서 전도를 하고, 저녁에는 세미나에 참석하는 일정이었는데, 성도들은 매일 몇 시간밖에 자지 못한 채 낮에는 전도하고 밤에는 기도하며 예배드렸습니다. 몸은 지쳐 보였지만, 얼굴에는 은혜가 가득한 모습이었습니다.

세미나의 마지막 날, 강사님께서 설교를 전하고 계실 때였습니다. 한 여성 성도가 귀신에 사로잡혀 강단 앞에서 일어났다 앉기를 반복하고, 바닥을 구르며 심하게 몸부림치기 시작했습니다. 천여 명의 성도들이 이를 바라보며 예배에 집중하지 못하는 상황이었지만, 강사님은 개의치 않고 말씀을 계속 전하셨습니다. 저는 그 모습을 보며 '

저 강사님이 매우 힘드시겠다. 악한 영이 예배를 방해하니 얼마나 어려울까?'라는 생각이 들었습니다.

예배가 끝난 후, 강사님과 대부분의 성도들은 떠났지만, 그 여성 성도는 여전히 강단 앞에서 이상한 행동을 계속하고 있었습니다. 그녀를 데리고 온 시골 교회의 담임 목사님과 사모님, 그리고 몇몇 성도들은 당황한 채 어찌할 바를 몰라 하고 있었습니다. 담임 목사님은 그녀를 집으로 데려가야 했지만, 귀신에 사로잡힌 그녀가 말을 듣지 않으니 난처한 상황이었습니다. 그때, 저희 목사님께서 강단 앞으로 나와 그 여성을 위해 기도하기 시작했습니다.

우리 목사님께서는 함께 간 성도들에게 말씀하셨습니다.

"믿음으로 손을 얹고 기도합시다."

우리 성도들은 "아멘"하며 믿음으로 손을 올렸지만, 지방에서 여성 성도를 데리러 온 그 교회 담임 목사님과 그의 성도들은 겁에 질려 가만히 서 있었습니다. 우리 목사님께서 시골 교회 목사님께도 함께 기도를 권유하셨지만, 그는 선뜻 나서지 못했습니다. 결국 재촉을 이기지 못하고 나오셨지만, 그의 사모님이 목사님의 팔을 붙잡으며 기도를 하지 못하도록 막았습니다. 그런 상황에서도 우리 목사님과 성도들은 기도를 이어갔습니다.

목사님께서 여성 성도에게 손을 얹고 선포하셨습니다.

"예수 이름으로 명하노니, 귀신아 떠나갈지어다!"

그 순간, 그녀의 몸이 공중으로 떠오르더니 다른 곳으로 떨어졌습니다. 목사님과 성도들은 즉시 그곳으로 이동해 기도를 계속했고, 그러던 중 그녀는 무릎을 꿇고 조용히 앉아 있었습니다.

목사님께서는 그녀가 회복되고 있다고 판단하시고, 성전 안의 작은 방으로 안내하여 더 깊이 기도하기로 하셨습니다. 기도가 계속되는 동안, 여성 성도의 시어머니가 도착했습니다. 그때 목사님께서 말씀하셨습니다.

"하나님께서 시어머니에게 회개하라고 하십니다."

목사님은 시어머니가 며느리를 힘들게 한 것이 원인이 되어 그녀가 귀신에 사로잡혔다고 하셨습니다. 시어머니는 처음에는 강하게 부인하며 화를 내셨고, 결국 자리를 떠나버렸습니다. 이후, 여성 성도의 남편이 상황을 설명해 주었습니다.

"우리 부부가 결혼 전에 아이를 가졌습니다. 저는 제 아이인 줄 알았지만, 어머니께서는 아내가 다른 남자의 아이를 가진 것이라며 끊임없이 의심하고 괴롭혔습니다."

나중에 친자 확인을 통해 아이가 자신의 자식이라는 것이 밝혀졌지만, 며느리는 그동안 계속된 의심과 괴롭힘으로 인해 심리적으로 극심한 고통을 받아 결국 악한 영에 눌려 귀신이 들리게 된 것이었습니다.

이야기를 들은 후, 목사님께서는 이사야 53장을 펼쳐 그녀에게 말씀하셨습니다.

"성도님은 집에 돌아가셔서 성경을 펴고 '예수님이 찔림은 나의 허물 때문이요, 예수님이 상함은 나의 죄악 때문이라. 예수님이 징계를 받으므로 내가 평화를 누리고 예수님이 채찍에 맞으므로 내가 나음을 받았도다.' 이 말씀을 계속 읽고 묵상하고 암송하세요."

여성 성도는 순종하겠다고 대답했습니다. 이후, 그녀는 가족과 함께 집으로 돌아갔고, 당시에는 완전히 회복된 것처럼 보였습니다. 하지만 보통 이런 경우, 시간이 지나면 다시 악한 영이 역사할 수도 있어 걱정이 되었습니다. 약 2주 후, 그녀를 데려갔던 담임 목사님께서 우리 목사님께 전화를 걸어왔습니다. 그 목사님은 감격한 목소리로 전했습니다.

"시어머니께서 며느리에게 '미안하다, 내가 잘못했다.'라고 사과하셨습니다. 그리고 이사야 53장의 말씀이 성취되어 성도님이 완전히 자유케 되었습니다."

시간이 흐른 후 다시 연락이 왔는데, 또 기쁜 소식을 전해주었습니다.

"그 성도님이 지금은 교회에서 충성스럽게 봉사하며, 권사님들처럼 주님의 일에 헌신하고 계십니다."

이 사건을 통해 하나님의 치유와 회복의 능력을 다시 한 번 깊이 경험할 수 있었습니다.

주님의 말씀과 기도의 능력이 사람을 변화시키고 자유롭게 하는 놀라운 역사를 이루는 것을 직접 목도한 귀한 시간이었습니다.

제6부
사역의 확장과 하나님이 주신 사명

1. 17년 전 본 길교회 환상

"여호와의 말씀이니라. 너희를 향한 나의 생각을 내가 아나니 평안이요 재앙이 아니니라. 너희에게 미래와 희망을 주는 것이니라. 너희가 내게 부르짖으며 내게 와서 기도하면 내가 너희들의 기도를 들을 것이요 너희가 온 마음으로 나를 구하면 나를 찾을 것이요 나를 만나리라. 이것은 여호와의 말씀이니라. 나는 너희들을 만날 것이며 너희를 포로 된 중에서 다시 돌아오게 하되 내가 쫓아 보내었던 나라들과 모든 곳에서 모아 사로잡혀 떠났던 그 곳으로 돌아오게 하리라. 이것은 여호와의 말씀이니라" (예레미야 29:11-14).

저는 40살에 하나님께서 보여주신 놀라운 환상과 기적을 경험했습니다. 그때 부모님께서 교회 땅을 종교 부지로 확보해 두셨지만, 재개발로 인해 길이 없어지면서 건축 허가를 받을 수 없게 되었습니다. 그래서 저는 부동산 사장님을 찾아가 교회 주소를 알려주며 물었습니다.

"공덕동 465번지에 대한 토지 계획을 알 수 있을까요?"

부동산 사장님은 지도를 살펴보시더니 걱정스러운 표정으로 말했습니다.

"이곳은 맹지입니다. 땅을 받으려면 좋은 곳을 받아야지, 이렇게 길도 없고 도로도 없는 땅을 어떻게 사용하시려고 하세요? 이 땅은 팔 수도 없습니다. 길이 없어서 매매도 불가능합니다. 참, 교회가 큰일 났네요."

그제야 저는 '우리 교회 땅이 맹지가 되었구나!'라고 깨달았습니다. 그런데 하나님께서 저를 만나 주시고, 환상을 보여주셨습니다. 40살 때 기도하는 중에, 하나님께서 교회 건축이 이루어지는 모습을 환상으로 보여주셨습니다. 그러나 현실은 그곳이 맹지였고, 풀과 나무가 우거져 자동차는 물론 사람도 들어가기 어려운 매우 외진 땅이었습니다. 그 땅은 언덕 위에 위치하고 있었고, 평지가 아닌 깊은 웅덩이가 파여 있어 전혀 좋아 보이지 않았습니다. 하지만 하나님께서는 그곳에 아름다운 예배당이 세워지는 모습을 환상으로 보여주셨습니다.

저는 화곡동에서 기도하고 있었지만, 제 영은 마포의 그 땅 위 공중에 서 있었습니다. 내려다보니 예배당이 지어져 있었고, 그 모습은 아담하고 아름다웠습니다. 유럽풍으로 지어진 것처럼 보였으며, 저는 유럽에 가본 적도 없고 건축에 대해 잘 알지 못했지만, 그 모습이 마음에 깊이 남았습니다.

17년 후, 그 환상 속 예배당을 실제로 보게 되었습니다. 저는 40살에 그 환상을 보고, 17년 동안 기다렸습니다. 처음에는 당장 그해나 다음 해에 교회가 건축될 줄 알았지만, 하나님은 저를 17년 동안 기다리게 하셨습니다.

이 기다림 속에서 하나님은 마치 아브라함에게 외아들을 주시기 위해 25년을 기다리게 하셨던 것처럼, 저에게도 기다림의 시간을 주셨습니다. 이 긴 시간 동안 교회 건축에 대한 여러 고민과 갈등이 있었습니다. 우리가 가진 재정으로 상가를 사거나 다른 건물을 얻는 방법도 고려했지만, 그때마다 하나님께서 주신 환상을 붙잡았습니다. 하나님이 주신 환상을 믿고 그 땅을 지켜야 한다는 확신이 있었습니다.

그 후, 자이 아파트가 들어서면서 도로가 교회 근처로 확장되었고, 교회는 언덕 꼭대기에 위치하게 되었습니다. 당시 자이 아파트 건축 담당자는 저에게 제안을 했습니다.

"자이 아파트 정문 앞에 있는 땅을 길교회에 드리겠습니다. 그 땅으로 교회를 옮기시는 게 어떨까요?"

사람들은 이 제안을 좋은 조건이라 생각했지만, 저는 여전히 하나님께서 보여주신 환상을 붙잡고 있었습니다. 그곳에는 다른 교회가 성전을 지었습니다. 위치도 좋고, 정문 옆이라 보기에도 좋았지만, 그 예배당은 삼각형 모양의 지하 예배당이었습니다. 땅의 구조상 삼각형으로밖에 건축할 수 없었고, 내부는 매우 비좁고 불편해 보였습니다. 그 교회 목사님은 저를 초대해 성전을 보여주셨고, 저는 하나님께서 왜 그 땅을 고수하게 하셨는지를 깨닫게 되었습니다.

하나님은 제가 순종할 때, 그 순종이 절대 실패하지 않음을 알게 하셨습니다.

결국 우리 교회는 오랜 기다림 끝에, 길이 생기고, 아름다운 예배당을 건축할 수 있었습니다. 예배당은 지하 2층부터 지상 6층까지 웅장하고 아름답게 세워졌습니다. 도로가 개설되고, 가로등이 세워졌으며, 구청에서는 교회 주변에 아름다운 공원을 조성해 주었습니다.

이제 그 공원은 많은 사람들이 산책하고 운동하는 장소가 되었습니다. 교회 바로 옆에는 인공 폭포와 무대가 설치되어, 사람들이 자유롭게 찬양할 수 있는 공간이 마련되었습니다.

하나님의 계획은 신묘막측합니다.

만약 우리가 그 땅을 포기하고 다른 곳으로 옮겼다면, 이러한 은혜와 복을 누릴 수 없었을 것입니다.

하나님께서 주시는 비전을 붙잡고 끝까지 믿음을 지켜가시기를 바랍니다.

2. 필리핀에 교회를 세워라

"너희는 사도들과 선지자들의 터 위에 세우심을 입은 자라. 그리스도 예수께서 친히 모퉁잇돌이 되셨느니라. 안에서 건물마다 서로 연결하여 주 안에서 성전이 되어 가고 너희도 성령 안에서 하나님이 거하실 처소가 되기 위하여 그리스도 예수 안에서 함께 지어져 가느니라"(에베소서 2:20-22).

저는 여러 권의 책을 집필했는데, 그중 가장 먼저 출간한 책이 《내가 예언과 환상과 꿈을 주리라》입니다. 성령의 기름 부으심을 받고 나니 예언이 열리고, 환상이 보이며, 영적인 꿈을 꾸게 되었습니다. 그 경험을 바탕으로 책을 집필했는데, 이 책이 베스트셀러가 되었습니다.

이 책은 해외에도 소개되어 필리핀까지 전해졌습니다. 어느 날, 필리핀의 한 선교사님 부부가 이 책을 선물로 받게 되었고, 사모님께서 책을 읽으셨습니다. 당시 사모님은 건강이 좋지 않으셨고, 필리핀 현지 병원에서 갑상샘암으로 수술이 필요하다는 진단을 받았습니다.

필리핀의 의료 환경이 좋지 않다 보니, 친정 가족들이 몇백만 원의 수술비를 마련해 주었고, 서울대병원에 수술 예약까지 해두었습니다. 예약된 날짜에 맞춰 선교사님 부부는 한국으로 왔고, 병원에 가기 전 저를 찾아와 기도를 받고 싶다고 하셨습니다.

사실 저는 그때 필리핀에 대한 비전을 가지고 있었습니다. 어느 날 기도 중에 성령님께서 말씀하셨습니다.

"필리핀에 교회를 세워라."
"하나님, 제가 어디에 교회를 세워야 할지 알지 못합니다. 선교사님을 만나게 해주세요."

필리핀에 아는 분이 한 명도 없었기에 기도드렸습니다. 그러자 하나님께서 환상을 보여주셨습니다. 한쪽은 육지, 다른 쪽은 바다와 같은 물이 있었고, 그 바다를 건너면 섬이 보였습니다. 섬과 육지를 오가는 배 한 쌍이 있었는데, 성령님의 감동을 통해 배를 타고 들어가는 시간이 10분이라는 것을 깨닫게 되었습니다.

하나님의 때를 기다리며 기도하던 중, 목요 집회 후 상담을 하는 자리에서 필리핀 선교사님 부부를 만나게 되었습니다. 선교사님께서 말씀하셨습니다.

"제 아내가 갑상샘암으로 서울대병원에서 수술을 받으려고 합니다. 친정에서 수술비를 준비해 주었고, 병원에 가기 전 기도를 받고 싶어 이렇게 왔습니다."

제가 필리핀 어디에서 오셨냐고 묻자, 선교사님은 민다나오에서 왔다고 대답하셨습니다. 저는 하나님께서 필리핀에 교회를 세우라고 하셨지만, 어디에 세워야 할지 몰랐던 터라 말씀드렸습니다.

"하나님께서 필리핀에 교회를 세우라고 하셨는데 어디인지 모르겠습니다."

그러자 선교사님께서 깜짝 놀라며 말씀하셨습니다.

"저희가 5년 동안 교회를 세우기 위해 기도해 온 장소가 있습니다."

"어디인가요?"

"민다나오에서 배를 타고 10분 들어가면 '산호섬'이라는 곳이 있습니다. 그곳에 교회가 없어, 우리가 교회를 세울 수 있도록 5년 동안 기도하고 있습니다."

저는 깜짝 놀랐습니다. 하나님께서 보여주신 환상과 정확히 일치했기 때문입니다.

"선교사님, 하나님께서 저에게도 같은 장소를 보여주셨습니다!"

하나님의 인도하심을 깨닫고 함께 기도드렸고, 이후 다시 연락하기로 했습니다. 그분들이 떠난 후 2주쯤 지나, 한 통의 메일이 도착했습니다.

"사모님, 필리핀에 오셔서 부흥회를 인도해 주시면 좋겠습니다."

저는 남편 목사님과 함께 가려고 했지만, 목사님은 교회를 비울 수 없어 저 혼자 필리핀으로 향했습니다. 영어도 못하는 제가 혼자 비행기를 타고 간다는 것이 스스로도 신기했습니다.

필리핀에 입국할 때 심사가 까다로울 수 있어, 필리핀에서 사역하는 분들이 질문을 받으면 그냥 '예스, 예스'라고 하라고 조언해 주었습니다. 공항에서 입국 심사관이 질문을 했고, 저는 "예스, 예스."라고만 대답했더니 무사히 통과할 수 있었습니다. 공항에 나오자 선교사님 부부가 반갑게 맞아 주셨습니다.

"사모님, 여기 계시는 동안 매일 아내의 갑상샘에 손을 얹고 기도해 주세요."

저는 놀라며 물었습니다.

"서울대병원에서 수술받지 않으셨나요?"

선교사님은 대답하셨습니다.

"아내가 수술하지 않고 믿음으로 낫기를 원해 그냥 돌아왔습니다."

그 순간, 제 마음속에 부담감이 밀려왔습니다. 하지만 기도를 부탁받은 이상, 저는 순종해야 했습니다.

저는 그곳에서 2주 동안 열심히 전도와 사역을 했습니다. 현지인 성도님들과 함께 노방 전도를 하고 찬양 사역과 말씀으로 복음을 전했습니다. 선물과 아이스크림을 주었더니 그 지역의 많은 주민들과 어린이들이 많이 모여서 예배드리고 예수님을 영접했습니다.

미자립 교회들을 계속 방문하여 선교비를 지원해 드렸고, 필요한 물품들을 사드렸습니다. 전도팀들에 음식을 대접하며 힘을 내도록 격려했습니다. 저녁에는 대형 학교 강당에서 부흥회를 했습니다. 많은 분이 예배에 참석했고, 아픈 분들에게 치유 기도를 간절히 해드렸습니다.

저는 드디어 배를 타고 산호섬을 방문했습니다. 그곳은 환상에서 본 곳과 똑같았습니다. 너무 기쁘고 감동이 되어서 가슴이 벅찼습니다. 하나님께서 지정해 주신 그 땅을 밟으며 그곳의 성전 건축을 위해 감사 기도를 드렸습니다. 그곳에 있는 학교를 방문하고 많은 아이들을 보면서 소망이 생겼고 빛이 임하는 것 같았습니다.

그곳에는 교회가 세워지게 되었고 그 섬의 많은 주민들이 교회에 나오는 역사가 있었습니다. 우리 교회는 그곳에 10년 동안 선교비를 지원해 드렸고 그 이후 그 교회는 자립하게 되었습니다.

선교지에서 마지막 날, 사모님께 기도 중에 '성령 하나님, 나를 만지소서'라는 찬양을 세 번 부르라는 감동이 왔습니다. 음치라 노래를 잘 부르지 못했지만, 사모님의 갑상샘 부위에 손을 얹고 힘껏 찬양을 불렀습니다. 사모님은 기도 후에 저에게 말씀하셨습니다.

"사모님! 기도를 받고 나서 계속 병원에서 나는 파스 냄새가 나요!"
그 순간 저는 확신이 들었습니다.
"사모님, 하나님께서 사모님을 치유하고 계신 것 같아요! 월요일에 병원에 가서 진료받아 보세요."라고 권했습니다.

월요일, 병원에서 검사를 받은 후, 선교사님께서 흥분된 목소리로 전화를 걸어오셨습니다.

"할렐루야! 갑상샘암이 완전히 사라졌습니다!"
사모님의 갑상샘암 치유 간증과 산호섬의 성전 건축은 선교에 대한 비전을 더해 주시는 귀한 사건이 되었습니다.

오늘날에도 하나님은 이렇게 놀라운 기적을 행하십니다. 우리의 기도를 들으시고, 믿음으로 나아가는 자들에게 응답하시는 하나님을 찬양합니다.

3. 인도에 대형 교회를 건축하며

"내가 밤에 한 이상 중에 보니 인자가 구름을 타고 와서 옛적부터 항상 계신 이에게 나아와 그 앞에 인도되매 그에게 권세와 영광과 나라를 주고 모든 백성과 나라들과 각 방언하는 자들이 그를 섬기게 하였으니 그의 권세는 소멸되지 아니하는 영원한 권세요 그의 나라는 멸망하지 아니할 것이니라"(다니엘 7:13-14).

어느 날, 한 인도 선교사님을 만나게 되었습니다. 그분은 하나님의 부르심을 받아 40년 전 인도로 선교를 떠나셨습니다. 처음 도착한 인도는 극심한 가난에 시달리는 나라였고, 거리에는 셀 수 없이 많은 고아들이 방치되어 있었습니다. 아이들은 먹을 것이 없어 굶주렸고, 입을 옷조차 없어 벌거벗은 채 지내는 경우가 많았습니다.

선교사님은 하나님께 어떻게 선교해야 할지 기도하던 중, 거리의 고아들을 거두어 하나님의 자녀로 키우라는 감동을 받았습니다. 그때부터 한 명 한 명을 돌보며 교육하고 양육하기 시작하셨습니다. 하지만 선교사님은 한국어만 할 줄 아셨기에, 아이들에게 인도어를 가르칠 수 없었습니다. 그래서 오히려 고아들에게 한국어를 가르치기로 결심하셨고, 그 결과 아이들은 인도어뿐만 아니라 한국어도 유창하게 구사할 수 있게 되었습니다.

세월이 흘러, 선교사님이 양육하신 고아 중 수십 명이 목회자가 되었고, 현재 10개의 보육원, 신학교, 150개의 교회, 500여 개의 가정교회에서 사역하고 있습니다. 하나님의 인도하심으로 저희 부부는 선교사님을 만나게 되었습니다. 그분은 인도에서 2천 명을 수용할 수 있는 대형 예배당을 건축하던 중, 재정이 바닥나 공사가 중단된 상태라고 하셨습니다. 이에 대해 기도하던 중, 하나님께서 성전 건축을 도우라는 감동을 주셨고, 우리 교회는 적지 않은 재정을 지원하여 건축비를 보내드렸습니다. 그 결과, 예배당이 완공되었고, 당시 2천 명이었던 성도 수가 4천 명으로 부흥하는 놀라운 역사가 일어났습니다.

저희가 지원한 교회는 선교사님이 세운 여러 교회 중 가장 큰 규모로 건축되었습니다. 선교사님은 우리 교회가 인도를 방문하여 헌당 예배를 드리기를 원하셨습니다. 주일 낮 예배 중 저는 '인도의 헌당 예배에 함께 가실 분은 지원해 주세요.'라고 광고했는데, 예상했던 10명을 훌쩍 넘는 38명이 신청하였고, 청년들과 중고등부 학생들까지 동참하게 되었습니다.

선교사님께서는 방문할 때 가난한 이들과 고아들에게 입을 옷을 준비해 오기를 원하셨습니다. 성도님들의 중고 옷을 모았지만 충분하지 않았기에, 하나님께서 지혜를 주셔서 아파트 관리실에 협조를 요청해 보자는 생각이 들었습니다. 관리실에 안내문을 붙이자 많은 주민이 연락을 해주었고, 예상보다 많은 옷을 기증받을 수 있었습니다. 또한 같은 아파트에 거주하던 타 교회 목사님께서 연락을 주셔서, 창고에 보관된 선교 물품을 기증해 주셨습니다. 물품을 실으러 가보니 새 신발, 옷, 가방 등이 있어서 트럭 한가득 실어주셨습니다. 이를 상자로 포장하여 한 사람당 20kg씩 무료로 운반할 수 있도록 했고, 총 38개의 이사 상자를 준비하였습니다. 개인 물품은 배낭에 넣어 어깨에 메고 비행기에 탑승하도록 했습니다. 또한, 보육원에 전달할 학용품이 필요하다는 요청을 받고 300만 원어치의 학용품과 여러 행사 물품도 준비하여 공항으로 옮겼습니다.

인도 공항에 도착하니 선교사님과 몇 대의 대형 버스가 기다리고 있었습니다. 보육원을 방문하여 가져온 물품을 나눠주었고, 선교사님께서는 아이들에게 새 운동복을 사주기를 원하셔서 수백 벌의 새 운동복을 사 고아들에게 입혔습니다. 보육원에서 아이들과 함께하며 즐겁게 지냈습니다.

선교사님은 인도에 도마 선교 센터를 세우셨으며, 3천 명이 수용 가능한 학교도 운영하고 계셨습니다. 유치원생부터 대학생까지 다양한 연령의 학생들이 공부하고 있었고, 그들과 함께 운동장에서 체육대회를 열며 즐거운 시간을 보냈습니다. 이후 신학교를 방문하여 부흥회를 열었는데, 성도들이 안수기도를 받으며 강한 성령의 역사가 일어났습니다.

부흥회를 진행하던 중, 한 교회에서 놀라운 사건이 있었습니다. 길을 지나가던 한 힌두교 주지가 호기심에 부흥회에 참석하게 되었는데, 처음으로 하나님의 말씀을 듣게 되었습니다. 예배가 끝난 후, 그는 목사님 앞에 나아와 무릎을 꿇고 말했습니다.

"저는 이 지역의 힌두교 주지입니다. 오늘 예배를 통해 예수님을 믿고 구원을 받아야겠다는 확신을 얻게 되었습니다. 목사님, 저를 위해 기도해 주세요."

목사님은 그 자리에서 안수하며 예수님을 영접하도록 인도하셨고, 그는 결국 교회의 성도로 등록하여 지금은 집사로 섬기고 있다고 합니다. 성령님의 놀라운 역사였습니다.

보름간의 선교 여정을 함께한 38명의 성도들은 하나님께서 우리 교회를 사용하심을 깨닫고 영적인 자부심을 갖게 되었습니다. 인도 선교를 통해 수많은 영혼이 구원을 받고 회복되는 은혜를 경험할 수 있었습니다.

주님, 감사합니다!

4. 천국에 가신 나의 어머니

"내 아버지의 집에는 거할 곳이 많도다. 그렇지 않으면 너희에게 일렀으리라. 내가 너희를 위하여 거처를 예비하러 가노니"(요한복음 14:2).

어릴 적, 저의 어머니는 삼각산으로 기도하러 자주 가셨습니다. 하지만 지금은 철조망이 설치되어 오르기가 어려워졌고, 주민들의 민원으로 인해 기도하기도 쉽지 않다고 합니다.

삼각산 이야기를 하니 문득 어린 시절이 떠오릅니다. 제가 일곱 살이었을 때, 교회에서 운영하는 선교원에 다녔습니다. 집안 형편이 어려워 일반 유치원에 갈 수 없었기에 어머니는 저를 그곳에 보내셨습니다. 어느 날, 유치원 수업을 마치고 교회 마당에 나왔을 때, 어머니가 교회 성도들과 함께 서 계셨습니다. 약 열다섯 명 정도의 성도들이 모여 있었습니다. 반가운 마음에 저는 "엄마!" 하고 달려갔습니다. 어머니는 저를 보며 "그래."라고 하시더니 성도들에게 이렇게 말씀하셨습니다.

"집사님, 권사님들과 함께 삼각산에 기도를 다녀와야 하니까 너는 오빠, 언니가 있는 가게에 가 있어. 기도하고 올게."

저는 "네" 하고 순순히 가야 했지만, 어머니와 함께 가고 싶은 마음이 컸습니다. 그래서 저도 데려가 달라며 떼를 썼습니다. 혹시라도 계속 조르면 어머니가 허락하시지 않을까 싶어 더 심하게 보채기도 했습니다. 그러자 어머니는 다정한 목소리로 말씀하셨습니다.

"거기는 산이 높아서 너 같은 어린아이가 가기엔 위험한 곳이야. 그러니까 오빠한테 가 있어."

하지만 저는 울면서 어머니를 따라가겠다고 고집을 부렸고, 결국 어머니와 성도들은 저를 놓고 도망가듯이 떠나버렸습니다. 유치원 가방을 멘 채 엉엉 울다가 하는 수 없이 오빠가 있는 가게로 갔습니다. 오빠와 언니는 저를 보며 반겼습니다.

"유치원 갔다 왔구나?"

하지만 저는 심하게 울고 난 뒤라 금세 졸음이 밀려왔습니다. 당시 오빠의 가게에는 방 한쪽에 온돌이 있었는데, 아궁이에 연탄을 넣으면 따뜻해지는 구조였습니다. 오빠는 저에게 따뜻한 온돌방에 누워서 자라고 했고, 저는 곧바로 누웠습니다. 그런데 제 옆에는 정종 술병 두 개가 놓여 있었습니다. 혼자 고민했습니다.

'머리를 위쪽으로 하고 잘까, 다리를 위쪽으로 하고 잘까?'

결국 다리를 위쪽으로 하고 잠이 들었습니다. 그런데 갑자기 가게에서 불이 났습니다. 성수동 시장 안에 있던 가게는 순식간에 화염에 휩싸였고, 시장 전체가 아수라장이 되었습니다. 나중에 알고 보니, 정종 술병에 들어 있던 것이 술이 아니라 석유였던 것입니다. 오빠가 석유를 정종 병에 담아 온돌 옆에 두었는데, 제가 잠을 자다가 그것을 건드렸고, 그 병에 불이 붙어버린 것이었습니다. 결국 가게는 전소되고, 저는 다리에 화상을 입었습니다.

오빠는 저를 급히 안고 우물가로 뛰어가 물을 끼얹으며 응급처치를 했습니다. 만약 제가 머리를 위로 하고 잤다면 얼굴에 화상을 입었을 것입니다. 순간의 선택이 평생을 좌우한다는 말처럼, 저는 다행히도 다리만 다쳤습니다. 하지만 그때 가난으로 인해 제대로 치료를 받지 못해 지금까지도 화상의 흔적이 남아 있습니다.

가게가 전소되는 바람에 우리 집안은 더 어려운 상황에 처했습니다. 그러나 그런 속에서도 우리 어머니는 늘 기도의 끈을 놓지 않으셨습니다. 어머니는 45살에 낳은 막내딸인 저를 위해 더욱 많이 기도하셨습니다. 어머니가 저를 위해서 하셨던 세 가지 기도 제목이 있습니다.

첫째, 하나님 우리 막내딸 예수 잘 믿는 가정에 시집가게 해주세요.
둘째, 하나님 우리 막내딸 들어와도 복을 받고 나가도 복을 받게 해주세요.
셋째, 하나님 우리 막내딸 결혼해서 아들 둘 낳게 해주시고 순산하게 해주세요.
몸이 약하셨던 어머니는 늘 걱정하셨습니다.

"내가 막내딸 시집보내고 천국에 가야 하는데…"
하나님께서는 어머니의 기도를 들으셨고, 제가 결혼을 하고 손주를 둘이나 낳는 것까지 보게 하신 후 천국으로 데려가셨습니다.
어머니는 78세까지 건강하게 사셨지만, 어느 날 오빠에게 전화가 걸려 왔습니다.

"엄마가 감기에 걸렸는데, 병원을 몇 군데 다녀보고 약을 바꿔 먹어도 전혀 낫지를 않아서 걱정이야."

그때 저는 다락방에서 기도를 하고 있었습니다. 오빠의 말을 듣고 하나님께 기도했습니다.

"하나님, 우리 엄마가 감기에 걸리셨는데 낫지를 않는다고 합니다. 어머니를 고쳐주세요."

그때 하나님께서 제 마음에 말씀하셨습니다.

"내가 너희 어머니를 부른다."

어머니는 바로 대학 병원에 입원하셨고 20일간 입원해 계시던 어머니는 늘 기도하셨습니다.

"하나님, 저는 하나님 앞에 갈 때 아프거나 수술받거나 고통받지 않게 해주세요. 그냥 편안하게 잠을 자다가 천국으로 불러주세요."

어느 날 밤, 간병인이 전화를 걸어 왔습니다.

"어머니가 막내딸을 찾으십니다."

저는 병원으로 달려갔고, 어머니는 저를 보자 환하게 웃으셨습니다. 그러다 갑자기 말씀하셨습니다.

"가자, 가자."

"엄마, 어디 가고 싶으세요?"

어머니는 병실 문 위쪽을 바라보며 환하게 웃으셨습니다.

"온다, 온다."

천사들이 어머니를 데리러 오는 것을 보고 계셨던 것입니다. 다음 날 아침, 어머니는 네 번의 예배를 드린 후 환하게 웃으시며 눈을 감고 천국으로 가셨습니다. 병실에 함께 있던 환자와 간병인들은 모두 한 목소리로 말했습니다.

"천국이 있기는 있나 봐요."

어머니의 마지막 모습은 많은 사람들에게 천국의 소망을 심어 주었습니다.

5. 전국 목회자 사모 세미나 강사로 서다

"그러므로 하나님의 능하신 손아래에서 겸손하라. 때가 되면 너희를 높이시리라"(베드로전서 5:6).

처음부터 제가 소문이 나거나 유명한 강사가 되려고 했던 것은 아니었습니다. 화곡동에서 개척교회를 시작하고, 지하 2층 작은 성전에서 약 70명의 성도와 함께 예배드리던 시절이었습니다. 당시 저는 낮에는 전도하고, 밤에는 철야기도를 하며 열심히 사역을 감당하고 있었습니다. 그때 전국 목회자 사모 세미나를 오랫동안 주관해 오신 하귀선 사모님께서 우리 교회에 오셔서 간증 집회를 하셨습니다. 사모님께서는 저를 만나신 이후 전국 목회자 사모 세미나 단체에 "이 세미나는 그동안 한국의 유명한 목사님들만 강사로 세웠습니다. 하지만 이제는 개척교회에서 묵묵히 사역하며, 전도하고 철야기도하며 헌신하는 사모님도 강사로 세워야 합니다."라고 요청을 하셨습니다.

그렇게 해서 저는 개척 교회 사모가 전국 목회자 사모 세미나에 강사로 초청을 받게 되었습니다. 당시 우리 교회는 개척한 지 얼마 되지 않은, 보증금 1,000만 원에 월세 60만 원을 내는 작은 교회였습니다.

그런데 그런 제가 대형 집회에서 강사로 서게 된 것입니다.

그때나 지금이나 저는 설교 원고를 준비하는 스타일이 아닙니다. 오직 하나님께 기도하며 말씀을 준비했고, 그날도 하나님께서 주시는 은혜를 따라 강단에 섰습니다.

40대 초반이었던 저는 당시 60대가 넘는 저명한 강사 목사님들 사이에서 가장 젊은 강사였습니다. 제가 설교를 하러 강단에 오르기 직전, 바로 앞 순서로 피종진 목사님이 설교하셨습니다. 그리고 그다음 순서로 제가 올라가 간증을 하게 되었습니다.

전국에서 모인 4천 명의 사모님들이 학교 대강당에 가득 찼고, 콩나물시루처럼 빽빽하게 앉아 계셨습니다. 그분들 앞에서 저는 '내가 만난 예수 그리스도'에 대해 간증을 나누었습니다. 설교를 마친 후, 저는 "주여! 성령의 불을 부어 주옵소서!"라고 외치며 사모님들에게 함께 기도할 것을 요청했습니다. 그 순간, 강력한 성령의 불이 그곳에 임했습니다. 기도 소리가 점점 커지더니, 마치 소방서에서 출동해야 할 정도로 강력한 성령의 역사가 일어났습니다. 기도가 멈출 기미가 보이지 않았고, 결국 설동욱 목사님께서 직접 강단에 올라오셔서 기도를 마무리하려고 하셨습니다.

"예수님의 이름으로 기도합니다."

하지만 아무도 기도를 멈추지 않았습니다. 다시 한 번, "예수님의 이름으로 기도합니다." 하셨지만, 사모님들의 기도 소리는 더욱 커졌습니다. 세 번, 네 번 반복해도 기도가 멈추지 않자, 결국 마이크를 끄고 음악을 멈추면서 강제로 기도를 마무리하게 되었습니다. 그 정도로 강렬한 성령의 역사가 임한 자리였습니다. 그때 다니엘 김 선교사님도 강사로 참여하고 계셨습니다.

세미나 마지막 날, 참석한 사모님들을 대상으로 설문조사를 진행했습니다.

"이번 세미나에서 가장 은혜받은 강사는 누구입니까?"

그때 다니엘 김 선교사님이 1등을 하고, 제가 2등을 했다는 소식을 들었습니다.

어디를 가나 2등의 은혜가 제 삶에 있었습니다. 고등학교 때도 전교 2등을 해서 장학금을 받았는데, 여기서도 2등을 하게 된 것입니다. 이 소식을 전해 들으며 하나님께 감사했습니다.

저는 특별한 지식이 있어서도, 유려한 말솜씨가 있어서도 아니었습니다. 오직 하나님께서 하신 일들을 증거하고, 하나님께 받은 은혜를 나누었을 뿐이었습니다.

그 후 시간이 흘렀고, 저는 마포에 빚 없이 성전을 건축하게 되었습니다. 그러던 중, 전국 목회자 사모 세미나에서 다시 한 번 강사로 초청을 받게 되었습니다. 이번에는 1,000명이 모인 세미나에서 강의를 하게 되었습니다. 강단에 서서 저는 이렇게 고백했습니다.

"40대 초반이던 시절, 개척교회를 하면서 여기 처음 섰었습니다. 당시 저는 월세 60만 원짜리 작은 교회에서 사역하고 있었지만, 하나님께서는 저를 불러 이 자리에서 간증하게 하셨습니다. 그로부터 시간이 흘러, 지금은 빚 없이 예배당을 건축하고 다시 이 자리에 서게 되었습니다. 하나님은 우리를 높이시기도 하고, 낮추시기도 하시는 분입니다. 그러나 중요한 것은 끝까지 하나님의 은혜를 기억하고 감사하며, 겸손하게 주님의 길을 따라가는 것입니다."

하나님의 나라는 세상의 기준과 다릅니다. 많은 책을 읽고, 높은 학위를 가지고 있다고 해서 하나님께 쓰임 받는 것은 아닙니다. 아무리 유창한 언변과 지식이 있어도, 하나님이 함께하지 않으시면 그저 공허한 말일 뿐입니다. 그러나 하나님의 기름 부으심이 있는 사람, 성령의 인도하심을 따라가는 사람은 하나님께서 반드시 높이 들어 쓰십니다.

설교자는 늘 말씀과 기도에 전념하며, 하나님의 기름 부으심을 사모해야 합니다.

우리 모두가 하나님의 말씀과 성령의 기름 부으심을 따라, 겸손한 자세로 끝까지 주님의 길을 걸어가기를 소망합니다.

6. 거울에 비친 내 모습

"나의 계명을 지키는 자라야 나를 사랑하는 자니, 나를 사랑하는 자는 내 아버지께 사랑을 받을 것이요, 나도 그를 사랑하여 그에게 나를 나타내리라"(요한복음 14:21).

하나님께서는 우리에게 십계명을 주셨습니다. 그리고 예수님께서는 이 계명을 두 가지로 압축하여 말씀하셨습니다.

첫째, 하나님을 사랑하라.
둘째, 네 이웃을 내 몸과 같이 사랑하라.

우리가 이 계명을 지키는 것이 곧 예수님을 사랑하는 것이며, 반대로 계명을 지키지 않는 것은 예수님을 사랑하지 않는 것과 같습니다. 즉, 우리가 계명을 지키면 지킬수록 그것이 예수님을 향한 사랑의 표현이 됩니다. 또한, 하나님께서는 그런 자를 더욱 사랑해 주신다고 약속하셨습니다. 계명을 지키고 말씀을 따르는 자에게 하나님은 한없는 사랑을 베푸십니다. 그리고 예수님께서도 말씀하셨습니다.

"나도 너를 사랑하여 너에게 나를 나타내리라."

행함 없는 믿음만을 가진다면, 우리가 하나님을 사랑한다고 확신하기 어렵습니다. 또한, 주님의 역사가 우리를 통해 나타나기도 어렵습니다. 그렇기 때문에 우리는 주님의 계명을 지키고, 말씀을 행하며 살아야 합니다. 그것이 예수님을 사랑하는 가장 확실한 방법이며, 하나님께 사랑받을 수 있는 통로가 되는 것입니다. 주님의 계명을 항상 마음에 새기고 실천하며 살아가는 것이 중요합니다.

어느 날, 성전에서 기도하는 중에 환상을 보았습니다. 그날 저는 기도 중에 제 앞에 커다란 전신 거울이 세워져 있는 것을 보았습니다. 가만히 거울 안을 들여다보았는데 놀랍게도 거울 속에는 제가 아닌 흰옷을 입은 예수님이 서 계셨습니다. 저는 순간 깜짝 놀랐습니다.

'거울 속에 예수님이 계시다니!'

믿기지 않는 광경이었습니다. 그때 거울 속의 예수님께서 저를 향해 오른손을 앞으로 내밀으시며 말씀하셨습니다.

"너의 모습이 나의 모습이 되기를 원한다."

저는 그 말씀을 듣자마자 간절한 마음으로 대답했습니다.

"주님! 제 모습이 예수님의 모습이 되게 해주세요!"

그 환상은 저에게 깊은 깨달음을 주었습니다. 하나님께서 우리가 예수님의 모습을 닮아가길 원하신다는 것을 분명하게 알게 되었습니다.

부흥회에 참석했을 때, 어떤 성도님이 저에게 이런 말씀을 해주셨습니다.

"사모님의 모습을 보니 마치 예수님의 모습을 보는 것 같아요."

그 말씀을 들었을 때, 제 옆에 계시던 우리 목사님은 조용히 듣고만 계셨습니다. 저는 그냥 지나쳤지만, 나중에 목사님이 저에게 이런 이야기를 하셨습니다.

"나는 언제 저런 말을 들어볼까 하고 부러웠어."

그러던 어느 날, 우리는 또 다른 교회에 집회를 가게 되었습니다. 그 교회는 개척한 지 얼마 되지 않은 곳이었고, 형편도 어려워서 우리에게 감동 주신 헌금을 드리고 부흥회를 마쳤습니다. 집회를 마친 후, 목사님께서 차를 가지러 지하 주차장으로 내려가셨는데, 그 교회의 담임 목사님이 우리 목사님께 이렇게 말씀하셨다고 합니다.

"목사님의 모습이 주님의 모습 같아요."

그 말을 듣고 우리 목사님은 얼마나 감동을 받으셨는지, 감사한 마음으로 기뻐하셨다고 합니다. 그리고 설교 중에 이런 고백을 하셨습니다.

"부흥회를 다닐 때마다 우리 집사람에게만 '사모님의 모습이 주님의 모습 같아요.'라는 말을 해서 부러웠어요. 그런데 이번에 처음으로 저도 그런 말을 듣게 되니 너무 기뻤습니다. 이제 나를 통해서도 주님의 모습이 드러나는구나!"

예수님의 모습을 닮아가는 것이 우리의 목표입니다. 이 이야기는 단순히 우리 부부만의 고백이 아닙니다. 이 글을 읽는 모든 분들이 가져야 할 신앙의 목표이기도 합니다.

주님은 우리가 예수님의 모습을 닮아가길 원하십니다. 주님의 사랑이 우리를 통해 나타나길 원하십니다. 나의 모습 속에서 예수님의 모습이 비춰진다면, 나의 삶을 통해 하나님께서 영광 받으실 것입니다. 아멘.

내가 은혜와 능력과 축복을 주리라

펴낸 날	1판 1쇄 2025년 04월 30일
지은이	임은진
펴낸이	이환호
편집자	민상기
펴낸곳	도서출판 예찬사
등 록	1979. 1. 16 제 2018-000103
주 소	경기도 고양시 덕양구 중앙로 557번길 8-9. 엠앤지프라자 407-2호.
전 화	02-798-0147-8
팩시밀리	031-979-0145
블러그	blog.naver.com/yechansa
전자우편	octo0691@naver.com
ISBN	978-89-7439-529-2 03230

- 저자와의 협약에 따라 인지를 생략합니다.
- 좋은 책은 좋은 사람을 만듭니다.
- 예찬사는 기독교 출판 실천윤리강령을 준수합니다.